NUEVO TIEMPO MEXICANO

AGUILAR

NUEVO SIGLO

CARLOS FUENTES

NUEVO TIEMPO MEXICANO

AGUILAR
NUEVO SIGLO

NUEVO TIEMPO MEXICANO
© 1994, Carlos Fuentes
De esta edición:
© 1994, Aguilar, Altea, Taurus,
Alfaguara, S.A. de C.V.
Av. Universidad 767, Col. del Valle
México, 03100, D.F.
Teléfono 604 9209

- Ediciones Santillana S.A.
  Carrera 13 N° 63-39, Piso 12. Bogotá.
- Santillana S.A.
  Juan Bravo 3860. 28006, Madrid.
- Santillana S.A., Avda San Felipe 731. Lima.
- Editorial Santillana S.A.
  4ª, entre 5ª y 6ª, transversal. Caracas 106. Caracas.
- Editorial Santillana Inc.
  P.O. Box 5462 Hato Rey, Puerto Rico, 00919.
- Santillana Publishing Company Inc.
  901 W. Walnut St., Compton, Ca. 90220-5109. USA.
- Ediciones Santillana S.A.(ROU)
  Boulevar España 2418, Bajo. Montevideo.
- Aguilar, Altea, Taurus, Alfaguara, S.A.
  Beazley 3860, 1437. Buenos Aires.
- Aguilar Chilena de Ediciones Ltda.
  Pedro de Valdivia 942. Santiago.
- Santillana de Costa Rica, S.A.
  Av. 10 (entre calles 35 y 37)
  Los Yoses, San José, C.R.

Primera edición en México: noviembre de 1994

ISBN: 968-19-0231-9

Diseño:
© Cubierta: Carlos Aguirre

Impreso en México

ÍNDICE

PRÓLOGO

Cito, en una página de este *Nuevo tiempo mexicano* a Jules Michelet: Un pueblo tiene derecho a imaginar su futuro. Yo añadiría que tiene, también, derecho a imaginar su pasado: no hay futuro vivo con pasado muerto.

En el infierno —y a veces a él se parece la historia— Dante fue advertido de que cuando lleguemos a la eternidad, cerraremos el libro de la historia. La eternidad señalará el fin del futuro. Pero, ¿puede significar, también, el fin del pasado, es decir, el olvido?

Prefiero la preciosa definición de Platón: Cuando la eternidad se mueve la llamamos tiempo. Es esta eternidad, enamorada de las obras del presente, como diría William Blake, la que quisiera perseguir en lo menudo y en lo grande, en lo fugitivo y en lo permanente de la vida mexicana, que este libro evoca.

Publiqué hace poco más de veinte años un primer *Tiempo mexicano* que, como éste, recorría momentos de la memoria y la esperanza, del pasado y del presente de nuestro país. Entonces como ahora, quisiera reunir la sensibilidad ciudadana y la sensibilidad literaria, sin propósito intransigente de que lo duradero dure y lo transitorio transite. ¿Cuál es cuál? Trato de darle cabida en el *Nuevo tiempo mexicano* a los ecos más antiguos y a los más recientes: que ellos mismos,

9

y los lectores, decidan qué es lo que pasa y qué es lo que permanece.

Veintidós años del *Tiempo mexicano*: la edad de mis hijos. Ya estábamos marcados, entonces, por la herida de Tlatelolco. El drama y la picaresca, la máscara y los rostros, la carne y el hueso, y a veces, la sangre han seguido configurando el escenario y las figuras de un país donde cada paso hacia el porvenir va acompañado de las pisadas de un pasado simultáneas a nuestros presentes. Pesada carga para algunos, ligero estímulo para otros, México es un país con memoria. Ni somos los Estados Unidos de amnesia (como nuestros vecinos) ni el Reino Borbónico (como muchos de nuestros políticos) que no olvida nada pero no aprende nada.

En los albores de la República latina, Polibio, historiador y esclavo griego, le dio al afán del hombre una sola convergencia: Roma, *Caput Mundis*, cabeza del mundo. Ha sido la tentación de los imperios ser la culminación de la historia. Pero, hasta ahora, advierte Peter Drucker, todos los imperios se han derrumbado porque carecen del poder de integración nacional. Sólo la nación, en la era moderna, "integra y crea ciudadanos".

¿Estamos, ahora, en el tiempo de desintegración también de los estados nacionales? En este caso, ¿qué los suplantará? Es otra de las preguntas que recorren este libro. ¿Hemos hecho una nación sólo para perderla? Mientras este conflicto entre la nación y la historia se dirime a los niveles planetario —la aldea global, la aldea tecnológica de Ted Turner y el robot alegre— y legal —la aldea local, la aldea memoriosa de Emiliano Zapata y los ídolos de la tribu— yo voto por el progreso con memoria y por la nación con democracia.

Ninguno de estos factores, sin embargo, existe desvinculado de la cultura. Jamás olvido estas palabras de José Ortega y Gasset: la vida es un conjunto de desafíos a los que respondemos con un conjunto de soluciones a las que llamamos "cultura" y puesto que muchas soluciones son posibles, lo son también muchas culturas. Lo que nunca ha existido es una cultura absoluta, con soluciones para todos los problemas.

Por lo mismo —añadiría yo— no hay una política absoluta, hay muchas políticas correspondiendo a varias culturas —y a muchos valores. La política de lo relativo se llama democracia: es el signo del *Nuevo tiempo mexicano*. Pero este tiempo nuevo no puede, no debe, excluir los tiempos antiguos: nunca hemos podido, en México y en América Latina, crear democracias sin pasado, sin memoria, sin cultura. Democracia con memoria, progreso con cultura, porvenir con pasado. Ésta es la paradoja de mi *Nuevo tiempo mexicano*. Es también, su esperanza.

MÉXICO: EL ROSTRO DE LA CREACIÓN

Mirar a México desde el aire es ver el rostro de la creación.

La dimensión acostumbrada de nuestra mirada terrena se eleva y se transforma en una visión de los elementos: México es un retrato del agua y del fuego, del viento y del terremoto, de la luna y del sol.

O más bien: de los soles, los cinco soles de la antigua cosmogonía mexicana. El Sol de Agua que coincide con la creación del mundo y termina con las tormentas e inundaciones que anuncian los siguientes soles, el segundo, Sol de Tierra, el Sol de Viento, y el Sol de Fuego, hasta culminar con el Quinto Sol que nos rige, en espera de la catástrofe final.

Sol de Agua

Recorren nuestro país los ríos serpentinos, hilos de feracidad excepcional en medio de los desiertos; desembocaduras anchas y lentas en el mar; opulentas ondulaciones tropicales. Papaloapan, río de las mariposas; Pátzcuaro, lago surcado de libélulas. Itzpapalotl, la diosa estelar del panteón azteca, parece revolotear sobre las aguas fluyentes y tranquilas. Su nombre, sin embargo, anuncia la ambigüedad de todos los elementos: Mariposa de obsidiana, frágil ala de colores y temible cuchillo de sacrificios.

Es la primera advertencia de la creación, y la anuncia el fugitivo elemento líquido. El agua no es siempre plácida. Y cuando se vuelve tan quieta como un espejo capturado en el cráter de un volcán, la imagen es ominosa: promete, en su tranquilidad sobrenatural, una conmoción apenas aplazada. ¿Qué son nuestros años cuando se ven retratados en los milenios de piedra de las montañas? ¿Quién puede creer que el agua rodeada de roca en los cráteres de Toluca y Puebla siempre fue, y será siempre, esta superficie metálica, inmóvil?

Todo vuelve a moverse. El Usumacinta fluye inseparable de la selva que irriga, pero inseparable también de las nubes que se acumulan sobre el bosque y el río, como si éste las arrastrase. Sabemos que los tres —cielo, río y selva— esconden y protegen a las civilizaciones en reposo, que se fingen muertas y sólo se manifiestan en el misterio de las figuras dibujadas en la roca junto al río en Planchón y en las procesiones fantasmales de Bonampak.

La quietud de las aguas es ilusoria. Las cataratas caen, imponentes, arrastrando la tierra, pero también la historia, que las precede. Las montañas caen de pico al mar. Las barras quiebran al mar mismo. Y un oleaje en la costa de Jalisco retrata a la tierra como un monstruo de garras pardas, asediado, abatido por la furia del mar. El mar dibuja a la tierra.

Pero basta situarnos en al ángulo opuesto de la visión, poniéndola de cabeza, para imaginar lo contrario. ¿No estaremos viendo, más bien, el retrato del mar atacado por una tierra hambrienta y feroz que le disputa, activa, ambiciosa, encarcelada tierra, su reino al mar que es el dueño mayor del planeta?

Inquieta, temblorosa e insaciable, temerosa y defensiva, tierra de colmillos y uñas, tierra de fauces y garras, por un momento la superficie de México se estremece. La tierra va a hablar. La tierra va a domi-

14

nar al agua. Ha nacido el segundo sol, en medio del asombro y del terror hermanados.

Sol de tierra

Los volcanes muertos —Popocatépetl e Iztaccíhuatl; el Nevado de Toluca— proclaman desde el aire que su quietud no es una póliza contra la catástrofe, sino el anuncio del próximo estremecimiento. El Paricutín sonríe como un niño travieso, advirtiéndonos que un día una espiral de humo puede asomar en el campo de un labriego michoacano, ascendiendo desde la entraña de la tierra rota por el arado, y levantarse de hombros, vomitando ceniza y fuego, hasta la altura del cielo, en unas cuantas horas.

Y hay más: el Chichón, gigante oscuro y activo, nos informa que su temblor y su humo sólo cesarán para anunciar la próxima conmoción de esta tierra sin reposo, donde la creación aún no termina su tarea. Un volcán le pasa la estafeta al que sigue.

Sol de Agua, Sol de Tierra. Desde el aire, vemos el origen de la tierra y del agua. Retratar la cabeza, el inicio mismo de la Sierra Madre Oriental cuando abandona altivamente los llanos y los desiertos y empieza a encaramarse al firmamento, volando hacia su atadura vibrante con la vertiente occidental en el Nudo Mixteco para proseguir, abrazadas para siempre las dos cadenas, hasta su extinción, en el extremo sur del Continente, donde los Andes se desgranan como uvas frías en Chile y Argentina. Retratar el surtidor del Río Conchos, ver cómo brotan las aguas madres. Ver todo esto, es asistir al nacimiento de la naturaleza, pero no como algo ocurrido *in illo tempore*, en la edad de los dioses, sino cotidianamente, en nuestra propia edad y ante nuestra mirada presente.

Bien puede el Nevado de Colima mostrarse como un señor maduro, peinando canas, para recordarnos la antigüedad de la naturaleza mexicana. Pero ni si-

15

quiera él, o ninguno de los grandes patriarcas adormecidos que desde los cielos vigilan la tierra, pueden negarnos nuestra propia edad sobre ella. Vemos, tocamos, olemos, gustamos y sentimos hoy, para asistir al perpetuo renacimiento del Sol de Tierra, aquí, hoy mismo. Somos los testigos de la creación gracias a las montañas que nos observan y a pesar de sus advertencias: nosotras vamos a durar; ustedes no. Nuestra respuesta es pecaminosa como la soberbia, pero virtuosa como la piedad. Tomamos la tierra entre las manos y la recreamos a nuestra imagen y semejanza.

La geometría, dijo Einstein, no es algo inherente a la naturaleza. Nuestra mente se la impone a la realidad. La imaginación geométrica del hombre en México es observada maravillosamente, desde el aire, en el choque incomparable de la arquitectura y la selva en Palenque y Yaxchilán, los sitios donde el combate primigenio parece haber ocurrido, y, lo que es más, estar ocurriendo aún. La naturaleza abraza a la arquitectura; pero la obra humana sufre porque queriendo entregarse a esa ternura casi materna, teme ser sofocada por ella. Y teme, igualmente, ser expulsada del gran vientre húmedo, gestante, protector, y entregada a la intemperie; a la desolación.

De esta tensión nace el gran arte del México antiguo y el esplendor que contemplamos en la acrópolis de Monte Albán, o en los espacios alabados de Teotihuacán, son el triunfo de un instante de dominación sobre la naturaleza pero también de equilibrio con ella. En estos sitios, el hombre ha encontrado el tiempo y ha hecho suyas las formas del tiempo.

Sin embargo, mira a su alrededor y ve la amenaza atrayente: los tajos profundos de las sierras, la maraña devoradora de la selva, el temblor latente del volcán. Le responde acariciando suavemente las laderas de las montañas, engalanándolas con terracerías; acariciando los llanos y sembrándolos de trigo y maíz; y construyendo ciudades, refugios propios para

16

no depender de la protección del árbol, o la caverna, o del cráter.

País de paredes, México las construye primero, como todos los pueblos, para defenderse de la inclemencia del tiempo, del asalto de las bestias y luego del ataque de los enemigos. Pero en seguida, la fundación obedece a otras razones. Primero, separar lo sagrado de lo profano. Luego, segregar al conquistador del conquistado. Y finalmente, alejar al rico del pobre.

A pesar de estas divisiones, nuestras ciudades trascienden sus límites para crear, con la misma pared que separa, una circulación que nos reúne en la plaza —el lugar común, el sitio central— y luego en atrios y naves, sagrarios y portales, patios y jardines, acabando por establecer una red de comunicaciones que desafía, y a veces vence, los muros del aislamiento.

Y es que la obra humana de la ciudad —civilización significa vivir en la ciudad, en la *civitas*— adquiere en el nuevo mundo iberoamericano un sentido paradójico. Es, a un tiempo, creación de la voluntad y resultado del azar. Acaso toda ciudad lo sea. La *civitas*, un lugar de la civilización, espacio para convivir, es también la *polis*, sitio de la política, arena donde discutir. Y tanto la civilización como la política, proponiéndose como proyectos de la voluntad, son también, y lo admiten ambas, productos de la necesidad y del azar.

Las ciudades mexicanas, empero, despliegan estas verdades con adiciones poderosas de tradición y novedad. Tradición: el nuevo trazo hispánico sustituye a la ciudad india, le usurpa su función ceremonial, política y religiosa, pero debe asumirla también. Novedad: la ciudad hispanoamericana da la oportunidad de crear urbes nuevas, regulares y cuadriculadas como un tablero de ajedrez, como la parrilla donde ardió San Lorenzo, como la ciudad platónica actualizada en el Renacimiento por León Battista Alberti, según me informa Guillermo Tovar.

En la novedad de América, se puede dejar atrás la ciudad medieval, amurallada y hacinada. Pero el pasado no se deja enterrar tan fácilmente. Por una parte, la tradición previa, el centro indio, pugna por manifestarse desde los subsuelos de la *urbs nova*, como acaba de hacerlo en el Templo Mayor de la ciudad de México. Por la otra, la novedad racial convierte a ambas, ciudad india y ciudad europea, en ciudad mestiza. Y la necesidad económica —la minería, la accidentada topografía del oro y la plata— convierten a la ciudad renacentista, de nuevo, en un enjambre medieval de callejuelas estrechas, túneles, pozos y escalinatas.

Desde el aire, Puebla, Oaxaca y Morelia lucen su novedad cuadriculada, pero también su ambigüedad mestiza, en tanto que Taxco, Zacatecas y Guanajuato se entregan a las exigencias de las sierpes urbanas que, cual gambusinos, se encaraman, se desploman, husmean el metal, lo trasiegan y, cuando lo encuentran, lo fijan en los altares de las iglesias, pavimentan las calles para las bodas de las novias de la plata, o pierden el oro para siempre en una apuesta, un capricho, una fiesta...

País de barrancas, desbarrancado. Como en otros tajos americanos, sobre todo el más soberbio de todos, que es el Cañón del Colorado, el gran abismo mexicano de la Barranca del Cobre da cuenta de dos extremos de la tierra. Nacimiento y Muerte. Si éste es el primer día de la creación, también es el último. El dramatismo de estos lugares no termina, sin embargo, en el testimonio, circular y simultáneo, del origen y el fin de la tierra. Su impresión mayor es la que define, a cada paso, nuestra visión en movimiento. En Arizona o en Chihuahua, son nuestros desplazamientos los que determinan la realidad del impresionante escenario natural. Basta un paso, a la derecha, a la izquierda, hacia adelante, hacia atrás, para que el gran abismo de piedra se altere fundamentalmente y se desconoza a sí mismo. El movimiento de nuestro cuerpo, de nuestra mirada, transforma lo que, a primera vista, parecía un monumento inalterable de la naturaleza.

¿No es ésta la definición misma del barroco? ¿No es el barroco un arte de desplazamientos, que exige el movimiento del espectador para ser visto —y, lo más importante, para verse a sí mismo? El barroco no es arte frontal, sino circular. El icono bizantino puede ser visto de frente. Bernini y Miguel Ángel, en cambio, invitan a que se les vea en redondo. Y la pintura misma, cuando en *Las Meninas* de Velázquez se libera, como observa Ortega y Gasset, de la escultura, lo hace a partir de una mirada circular, escultórica, que penetra el cuadro y se coloca detrás del pintor pintado para ver lo que pinta por segunda vez.

En México, en la América española y portuguesa, el barroco va más allá de la razón sensual o intelectual de Europa para convertirse en una necesidad y una afirmación clamorosas, vitales. O más bien: en la afirmación de una necesidad. Tierra asolada, tierra conquistada, tierra de hambre y tierra de sueños: el barroco americano es el arte de las carencias; es la abundancia imaginaria de quienes nada tienen; es el salto mortal sobre la barranca con la esperanza de caer, de pie, en el otro lado.

El suelo a menudo arisco, abismal, de México es, en su soledad agreste, un anuncio del barroco. Es la invitación a dar el salto y la esperanza de alcanzar el objeto deseado: la otra orilla, la mano fraternal, el cuerpo amado.

El Sol de Tierra, que parecía el más sólido, el más perdurable, demuestra así que también es pasajero y que su imagen, en el cielo artificial de un altar barroco, es el de la nube. Pero más nubes que en cualquier altar son las que coronan, como una segunda geografía, el cielo de México.

País de nubes arrastradas, quietas, luminosas, hijas favoritas del siguiente sol, el Sol de Viento que erosiona las costas y las cumbres, las piedras labradas y los labrantíos de tierra.

A veces, las opulentas nubes de México son como el sudario que piadosamente aparta de nuestras miradas un cuerpo yerto o moribundo. Como una mortaja, las nubes ocultan la agonía de la selva lacandona y de sus habitantes, destinados ambos a la extinción. Pero a veces, las nubes son sólo el velo de civilizaciones que no quieren ser perturbadas. El más sutil de los escudos, el Sol de Viento, protege todo aquello que, en nuestro país, espera otro tiempo, un tiempo mejor, para manifestarse. Mientras tanto, las nubes permiten disimular la persistencia de un mundo sagrado y mágico que la razón activa, fáustica, del Occidente, se encargaría de aniquilar.

Además, las nubes mexicanas cumplen otro empeño, más desinteresado, y éste es el de suavizar constantemente los contornos más duros de los elementos. Mar y tierra, volcán y aire, ruina y selva, río y desierto, chocan frontalmente en México, porque aquí los elementos se disputan la sucesión del tiempo y reclaman presencias totales que definan toda una era: agua y fuego, tierra y viento.

Pero si la sucesión no vence nunca a la presencia simultánea de las cosas, es porque las nubes suavizan siempre las asperezas de los imperiosos elementos mexicanos. Ninguno de ellos, en realidad, acaba por imponerse a los demás, sólo porque el viento empuja a las nubes, la espuma del aire disuelve los picachos más agrestes, hermana la playa con el oleaje y confunde las cataratas de agua con las cascadas de flores; hibiscos, *buganvileas,* zempazúchiles. La nube es niebla que todo lo abraza, humo de disolvencias y lejanías engañosas. Encuentro al cabo: cópula, confusión a veces, triunfo de la luz, difuminación de los tajantes cortes que a menudo caracterizan al arte mexicano. Las líneas más duras de Rivera o Siqueiros suelen ser tan temibles como algunos brutales encuentros que podemos observar en nuestra geografía. En la Isla Tiburón, la punta —bien llamada Chueca— es un ala de sombra que parece amenazada por un mar color de daga, como si la isla quisiera volar y el mar se lo impidiese, recordándole su destino de vivir —tierra y mar— en confrontamiento perpetuo.

El Sol de Viento interviene entonces para disolver las fronteras, amansar las pugnas, sofocar los gritos. El Sol de Viento despeina las arenas, acaricia con suavidad el rostro de las aguas, revela las texturas de los fondos marinos, pulveriza las variedades, porosas y basálticas, calizas y arenosas, de la piedra. En México, el nombre del pintor de esta región del aire es Ricardo Martínez; en Inglaterra, J.M.W. Turner. Y sus fotógrafos, aquí, son Gabriel Figueroa, y allá, Michael Calderwood.

De esta manera, el Sol de Viento revela un tercer México: El aire que sopla por las bocas de dos dioses gemelos, mediterráneo uno, mexicano el otro, los dos eufónicamente hermanados —Eolo y Ehécatl— impide la rigidez de la tierra o la inmovilidad del mar enfrentados. Pero como todo regalo divino, éste es ambiguo. Se llama, primero, metamorfosis. En segunda, armonía. Y al cabo, muerte.

El Sol de Aire convierte al paisaje en pasaje. Las cosas que parecían eternas se revelan mudables. Las formas se asocian o se separan para integrar nuevas figuras. El cráter del Pinacate en Sonora se transforma en un delicioso pezón femenino; un río en Baja California adquiere la silueta imprevista de un escorpión color de rosa acostado en un lecho de tierra negra. ¿Son reales esas vacas que cruzan las aguas en Mexcatitlán, o sólo un espejismo de la laguna? ¿No son estos barcos pesqueros, anclados alrededor de una boya en Puerto Peñasco, en realidad, una mariposa novísima recién salida de la crisálida del mar? ¿Son hongos las cúpulas de Cholula? ¿Son domos de aire puro las jaulas de los tigres en Chapultepec?

Sol de Viento, mi sol. Cuando yo era niño, en el libro escolar de geografía la portada misma dibujaba a México como una cornucopia de cuyo borde se desparramaba una riqueza abrumadora de frutos, incluyendo una larga espiga de trigo que pasaba a formar la península de Baja California. El cuerno de la abundancia aparecía sostenido en el aire. Ninguna mano, ni tierra alguna, lo mantenían en el firmamento. Era como un planeta de infinitas riquezas.

Era necesario pensar, de verdad, en los poderes de Ehécatl dios del viento para imaginar a la cornucopia mexicana, planeando en el aire, desparramando sus frutos, fecundando sus surcos con semillas volantineras.

Penetrar en la cornucopia mexicana significa descubrir, al mismo tiempo, su permanencia y su fugacidad. Por un momento, el cambio se detiene, fijándose en la armonía de todos los elementos. Las aves blancas detenidas en las aguas de una presa la despojan de su ingeniera frialdad. Ganados y campos de trigo, así como torres perforadas, hoteles, haciendas, ciudades modernas y balnearios; éstos son también los nombres de la abundancia. ¿Lo son de la armonía? Quizás ésta es más modesta y más entrañable. Yo la encuentro en una vista desde el aire de Tlacotalpan y su peculiar sabiduría veracruzana para reunir alegría y recato; sensualidad vivible.

Abundancia significa también el vuelo de flamencos acudiendo a alimentarse, la mancha rosa de las aves en un mar naranja, el perfil de las sombras verdes de la selva... El escándalo de los colores mexicanos, la pintura mutante de la naturaleza, confluyen al cabo en la pintura nueva de una iglesia de pueblo o en el remanso de una aldea de Oaxaca. Ésta es la perfección, la armonía tan deseada, la paz de los elementos.

Sol de fuego

No dura. El cuarto sol, de Fuego, va a calcinar la tierra como los cráteres que sólo porque el humor es a veces más necesario que la necesidad misma, se dan el lujo de cercar un cultivo de maíz cerca del cielo. Se puede ver, desde el aire, un campo de futbol cuyas líneas quemadas sobre el asfalto de la ciudad son comparables a las gráficas ardientes de ese retrato del cielo en la tierra, y que sólo desde el cielo puede verse, en Nazca.

Hay un pedregal chihuahuense que se llama Rocas de Lumbre. Mas el fuego no es necesariamente una llama visible, sino, a veces, la paradoja del agua en llamas —el *atl tlachinolli* de los náhuas— o la conflagración interna que llamamos, o se llama a sí misma, la muerte. Como en la prosa de Juan Rulfo, el campo más llano, pero también la montaña más alta, tienen un hoyo por donde se escapa el calor de la muerte y del sexo. Eros y Tánatos, lo sabemos, son ambos ingresos al submundo invisible, el Mictlán de los antiguos mexicanos, a donde se ingresa enmascarado. Necesitamos otro rostro para la muerte, una máscara que nos hace aceptables para la otra vida, una cara mejor, quizás, que la que tuvimos al vivir en la tierra, cuando éramos bañados por las aguas y animados por el viento.

Desde el aire, ver el Templo de las Inscripciones en Palenque es ver la muerte. Esta pirámide fue erigida por el Señor Pacal para anticipar primero, y conmemorar para siempre, su propia desaparición. Desde arriba, los extensos cultivos del zempazúchil, la flor amarilla del día de los muertos, son un anuncio del servicio que la naturaleza siempre le presta a la muerte. Flores color de lumbre, asocian la muerte a

23

un fuego invisible, disfrazado de vida. Porque el sol de fuego, que anuncia la muerte, no se agota en ella, aunque la actualice. La vida en México prevé la muerte, porque sabe que la muerte es el origen de todo. El pasado, los antepasados, están en la fuente del presente. Los cráteres con lagunas, los cráteres con cultivos, fueron un día cráteres con fuego. ¿Pueden volverlo a ser? Claro que sí, de la misma manera que la vida volverá a ser, precisamente porque la precedió la muerte.

El Sol de Fuego no es, de esta manera, un anuncio de destrucción y catástrofe inapelables, sino eslabón de un círculo donde el fuego consume al aire, sólo para convertirse en su contrario, y luego tierra y luego aire otra vez, antes de incendiarse y reanudar el ciclo...

Otra vez el agua

Desde la altura, por esto, los cuatro soles son sucesivos pero también coincidentes. Cuando la mirada desciende, le da nombre y lugar precisos a cada uno de los soles de la creación. El nombre del Agua puede ser Acapulco y Careyes, Puerto Escondido y Mazatlán, Veracruz y Cancún. Tres mares, el Pacífico, el Caribe y el Golfo de México, ciñen nuestra tierra con más de nueve mil kilómetros de costas.

Pero estos mares, siendo nuestros, traen en cada ola las noticias del mundo.

Por la costa del Golfo viajó Quetzalcóatl hacia el oriente, prometiendo regresar a ver si los hombres habían cumplido las lecciones morales de la paz y la fraternidad.

Por esa misma costa de las fundaciones llegaron en el día profetizado los conquistadores españoles, apropiándose de un presagio que sólo fue suyo por coincidencia: Los dioses han regresado a pedirnos cuentas...

El Golfo de México se convirtió, de allí en adelante, en la última escala cultural del Mar Mediterráneo en las Américas. Soldados y frailes, escribanos y mercaderes, piratas y poetas, invasores y exiliados, trajeron y llevaron por Veracruz el anuncio de los dos mundos: América y Europa, Golfo y Mediterráneo. Reposo final de las olas del Bósforo, las Cíclades, Sicilia y Andalucía, el *Mare Nostrum* de la antigüedad europea termina en Tampico, Villahermosa y Campeche.

Pero las aguas de México también envían, en sentido contrario, sus ondas por el Atlántico hasta el Mediterráneo, y su mensaje es la advertencia de que el nuevo mundo tan deseado por Europa no acaba de ser descubierto, no acaba de ser imaginado, y protege los mitos más viejos de la humanidad, sus verdades más secretas, los sueños de la creación del mundo y del hombre en medio de la violencia, el dolor, la esperanza y la alegría.

"¡Que aclare!" —exclama el *Popol Vuh*— "¡Que amanezca en el cielo y en la tierra! No habrá gloria ni grandeza hasta que exista la criatura humana..."

En el segundo mar de México, el Caribe, un centinela invisible aguarda, desde Tulum, el imposible retorno del dios. La piedra y el mar se reúnen aquí. La espera es desvelada y eterna. Pero ningún dios regresará ya, porque la tierra reclama que sus hijos la construyan, que ahora sean ellos los creadores.

En el Pacífico, en fin, las noticias que llegan son las de un mundo aún más lejano que el de Europa. Catay, el imperio del medio. Cipango, del sol naciente. Y nuestras vaporosas hermanas de la sombra, las Filipinas. Las islas y los reinos que nos envían, como lo evoca Bernardo de Balbuena en la *Grandeza mexicana*, "seda el Japón, el mar del Sur tesoro de ricas perlas, nácares la China", de tal suerte que

> *"En ti están sus grandezas abreviadas;*
> *tú las basteces de oro y plata fina;*
> *y ellas a ti de cosas más preciadas".*

25

El Sol de Agua no nos encierra. Nos abre, nos comunica, rompe las barreras del aislamiento: nos hace circular afuera y adentro. Recibimos, damos, cambiamos, preparamos el paso del agua a la tierra, de la tierra al aire, del aire al fuego, del fuego al agua...

México es el retrato de los ciclos, que es el retrato de los cielos, la sucesión de los soles de México sobre México, la autoridad que el país y sus gentes derivan de una relación sin tregua con los elementos.

Es la identificación del retrato de los mexicanos con el retrato de la creación.

Por eso, las victorias de lo humano son mayores en México. Por extrema que sea nuestra realidad, no negamos ninguna faceta de la misma, ninguna realidad del cosmos. Intentamos, más bien, integrarlas todas en el arte, la mirada, el gusto, el sueño, la música, la palabra.

Desde el techo de México, esta forma de ser se aprecia mejor, como esa escultura de un dios por Rivera, fotografiada por Calderwood, que requiere distancia y altura para ser vista.

Este es el retrato de una creación que nunca reposa porque aún no concluye su tarea.

VIAJE AL CENTRO DEL ORIGEN

I

El viaje es el movimiento original de la literatura. La palabra del origen es el mito: primer nombre del hogar, los antepasados y las tumbas. Es la palabra de la permanencia. La palabra del movimiento es la épica que nos arroja al mundo, al viaje, al otro. En ese viaje descubrimos nuestra fisura trágica y regresamos a la tierra del origen a contar nuestra historia y a comunicarnos de nuevo con el mito del origen, pidiéndole un poco de compasión.

Esta rueda de fuego de la literatura original, que en el Mediterráneo cobra los nombres genéricos de mito, epopeya y tragedia, es la justificación y el impulso de toda literatura de viaje. Es un círculo inabarcable, que partiendo de la identificación de viaje y lenguaje, presta su forma a la poesía, de Homero a Byron a Neruda. La política ha sido determinada por Herodoto tanto como por Pericles, y las mejores guías para una reunión contemporánea en la cumbre, la siguen ofreciendo los libros de viaje de Coustine y Tocqueville, a Rusia y a los Estados Unidos, en el siglo XIX.

Movimiento y quietud: mediante la palabra, el viaje puede ser puramente interno, confesional, subjetivo, de San Agustín a Rousseau a Freud; o puede ser el viaje fuera de nosotros mismos y hacia el reconocimiento del mundo, que es la historia de la novela desde el momento en que don Quijote abandona su aldea y sale a comparar la verdad de sus libros con la verdad de su mundo. Pero puede ser también el viaje inmóvil de Julio Verne, quien rara vez se salió de su propia aldea francesa y fue, sin embargo, capaz de viajar a la luna, o veinte mil leguas debajo del mar.

El viaje puede significar un vasto periplo simbólico, en busca del Vellocino de Oro o del Santo Grial; pero Xavier de Maistre puede conducirnos en un viaje alrededor de su recámara, y Thomas Mann hacia la montaña mágica. Virgina Woolf nos invita a viajar hacia el faro, aunque Thomas Wolfe nos recuerda que no podemos regresar al hogar abandonado.

En todo caso, el viaje y la narrativa son gemelos porque ambos suponen un desplazamiento, es decir, un abandono de la plaza, o sea, un adiós al lugar común, para adentrarnos en los territorios del riesgo, la aventura, el descubrimiento, lo insólito.

El viaje y la literatura son, sin duda, todo esto, pero al cabo son sólo una voz que nos dice: El mundo es tuyo, pero el mundo es ajeno. ¿Cómo lo explorarás, como lo harás más tuyo? ¿Cómo viajarás por el mundo sin perder tu propia alma, sino, más bien, encontrándote a ti mismo al encontrar al mundo, dándote cuenta de que careces de identidad sin el mundo pero que, acaso, el mundo carezca de identidad sin ti?

Ésta es, quizás, la cifra común del destino personal y del arte de viajar. Me dirijo al mundo, a los demás, a mi obra, a mi amor. Y nada me autoriza a creer que éstas, las realidades de mi vida, vendrán a mí si yo no voy hacia ellas.

II

Hay tres autores contemporáneos de literatura de viaje que me apasionan especialmente. Uno de ellos, Bruce Chatwin, acaba de morir, trágicamente, a los cuarenta y siete años de edad, dejando la mitad de su obra —por lo menos— inconclusa. En sus libros de viaje, *In Patagonia* y *The Songlines*, nos lleva al sur de la Argentina y al vasto continente australiano. En Patagonia, Chatwin da un poderoso ejemplo de sus dos supremas virtudes literarias. La primera es una capacidad inigualada en la literatura contemporánea para distinguir y hacer resaltar un objeto, dándole un brillo singular sin divorciarlo de su contexto. La segunda, un arte también incomparable, para saltarse dos de cada tres oraciones probables en su prosa, dándonos un texto esencial y dotado de la mayor potencia elíptica. En *The Songlines*, estas virtudes literarias, en un hombre al que hay que considerar entre los mejores escritores de la segunda mitad de nuestro siglo, se reúnen en una pesquisa de los movimientos de los aborígenes australianos, a fin de proponer que la vida normal es la vida nómada, y no la vida sedentaria.

Peter Mathiessen, el novelista norteamericano, convierte su viaje a Nepal, en busca de la oveja azul de los Himalayas, en una peregrinación espiritual hacia la Montaña de Cristal y su sagrario budista. La recompensa esperada de este viaje es la visión del leopardo de las nieves, que da su título al libro *The Snow Leopard*. Dueño, como Chatwin, de una prosa esencial, Mathiessen también se pregunta por qué nuestra idea del mundo depende en semejante grado del movimiento o de la quietud —de permanecer inmóviles o de desplazarnos. ¿Es cierto, como apunta Chatwin, que para el nómada el mundo ya es perfecto, en tanto que el ser sedentario se agita vanamente tratando de cambiar al mundo? Pero ¿no es cierto también, como Mathiessen lo comprueba en su viaje a la gran cordillera, que el movimiento es la búsqueda de una perfección fijada para siempre en un lugar sagrado?

Fernando Benítez intenta dar una respuesta a estas preguntas a partir de una paradoja fundamental para su tema y para su país, México. Esa paradoja es que el encuentro del sitio sagrado es una ilusión, *encontrar* es sólo la prueba de que debemos *proseguir*, empezar de nuevo. Chatwin y Mathiessen también encuentran esta verdad, es cierto, cuando finalmente se vuelven peregrinos en su patria: cuando descubren lo extraño, lo otro, en el seno de su propia tierra, Chatwin, originario del país de Gales, escribe la novela imprescindible, entrañable y otra, de su tierra, en *On the Black Hill*. Y Mathiessen encuentra lo otro norteamericano en los restos del mundo indio de la América del Norte. Territorio ajeno: reservación, pero también territorio prohibido, pues *In the Spirit of Crazy Horse*, el libro indio de Mathiessen, no ha logrado publicarse, sitiado por toda una panoplia de juicios y demandas legales.

México ha sido un territorio favorito del escritor anglosajón, de los viajes coloniales de Thomas Gage a las excursiones decimonónicas de la señora Calderón de la Barca, a las incursiones contemporáneas de Aldous Huxley, D.H. Lawrence, Graham Greene y Malcolm Lowry. (Evelyn Waugh se permitió la humorada, digna del autor de *Vile Bodies*, de escribir un libelo contra la expropiación petrolera, pagado por las compañías británicas, como si hubiese estado en México; en verdad nunca fue más lejos del banco londinense donde cobró su cheque). Aunque los libros de turismo norteamericano sobre México han abundado, sus escritores han tendido, más bien, a incorporar el tema mexicano en el poema o la novela: de Hart Crane a Harriet Doerr, y de Katharine Anne Porter a Jack Kerouac. Un gran escritor francés, Antonin Artaud, es, sin embargo, quien más se ha acercado y confundido con el otro México, el mundo indígena, en su viaje a la Tarahumara.

Es éste el mundo que Fernando Benítez explora en sus grandes libros sobre los indios de México. El mundo de los coras, los tarahumaras, los huicholes o los tepehuanes es, en cierto modo, tan ajeno a Benítez como a Artaud o a Huxley. Pero la diferencia consiste en que es su mundo; es parte de su país, de su identidad, de su herencia. Su drama es tan agudo como el de Mathiessen entre los sioux o Chatwin entre los galeses: estos seres son otros, pero son míos. El drama extraordinario de los libros de Benítez es que el autor mira con objetividad pero es partícipe de una subjetividad conflictiva. Los indios son suyos y son ajenos; pero él no puede ser un hombre completo sin ellos, aunque ellos continúen sus vidas totalmente indiferentes a él.

¿Por qué sucede esto? Simplemente porque Fernando Benítez es portador de una conciencia cultural pluralista. Sabe que México no puede ser sólo una de sus partes, sino todas ellas, aunque algunas, como estas zonas indígenas, se estén muriendo poco a poco, víctimas del abuso, la injusticia, la soledad, la miseria, el alcohol... ¿Cómo mantener los valores de estas culturas, salvándolas, a la vez, de la injusticia? ¿Pueden mantenerse esos valores lado a lado con los del progreso? ¿Vale la pena mantenerlos, si su condición es la miseria? ¿Puede operarse la coexistencia de los valores primitivos con condiciones modernas de salud, trabajo y protección?

Son éstas algunas de las preguntas angustiadas que recorren los libros de Benítez y le dan, aparte de sus valores literarios, un valor moral inmenso. La ética literaria de Benítez se despliega en una serie de opciones candentes, binomios sólo en apariencia, pues al cabo nos damos cuenta de que cada uno de los términos es inseparable del otro: es su espejo, reflejando al otro sin tocarlo; pero también es su mellizo, dolor carnal y sino de misterio.

III

Hay, en primer lugar, la oposición entre lo invisible y lo visible. La historia moderna del país, nos recuer-

31

da Benítez, conspiró poderosamente para hacer invisible a la población indígena; ante todo, en el hecho mismo de la conquista. Un pueblo derrotado, a veces, prefiere no ser notado. Se mimetiza con la oscuridad para ser olvidado a fin de no ser golpeado. Pero en seguida, el México independiente, amenazado por guerras extranjeras y desmembramientos, debió reforzar "los sitios más amenazados e importantes", convirtiendo en "tierras incógnitas" grandes fragmentos del territorio. "Nadie sabía donde estaban los huicholes, los coras, los pimas o los tarahumaras, y a nadie les interesaba su existencia".

Hay una escena memorable de la película de Rubén Gámez, *La fórmula secreta*, en la que un mexicano intenta ponerse frente al objetivo de una cámara a fin de ser retratado. Pero la cámara, cada vez, se desplaza y lo deja fuera de cuadro. Es casi como si el personaje quisiera ganarse la identidad del retrato y la cámara se lo negase. ¿Temen ambos, sujeto y cámara, perder su alma? Quién sabe. Pero *Los indios de México*, a este nivel, es un vasto e inquietante ensayo para hacer visible lo invisible. Benítez encuentra comparaciones llamativas con la visibilidad suprema de la pintura occidental —un grupo de tarahumaras, melenas recortadas, piernas desnudas, taparrabos abultados, parecen figuras de Brueghel en el trópico alto; ícaros desterrados. Un joven pastor tzeltal con un carnero echado sobre los hombros cobra la figura de San Juan Bautista de Donatello. Y la confusión orgiasta de los coras en Semana Santa se vuelve nítida al recuerdo del tríptico de Bosco, *El jardín de las delicias*.

Pero una vez que desaparece el ojo del viajero urbano, qué duda cabe de que el olvido y el mimetismo natural volverán a hacerlos invisibles. ¿Cómo se harán visibles ellos mismos? La respuesta es fulgurante y pasajera, se llama mito, se llama magia, se llama tránsito hacia lo sagrado. ¿Puede significar también, un día, justicia? Benítez no separa las dos realidades:

32

una, la realidad mágica que hoy hace a los indios visibles ante sí mismos y otra, la realidad justa que, mañana, puede hacerlos visibles tanto ante ellos mismos como ante nosotros.

Esto abre una nueva serie de binomios aparentes que Benítez trata de hermanar. El mundo indígena, para hacerse visible, se debate entre el movimiento y la quietud. Ambos son nombres de los extremos de la metamorfosis, sin la cual, por lo demás, no hay cambio hacia lo sagrado propiamente. Benítez observa en la mayor parte de los actos vitales del mundo indígena un "trastocar el orden de lo cotidiano, alterar el ritmo usual del mundo, darle otras autoridades y nombrar nuevamente a las cosas".

¿Cómo hacer, sin embargo, "que el tránsito de lo profano a lo sagrado se efectúe sin peligro"? La respuesta supone todo un universo ritual que da sitio privilegiado a los maestros de las artes mágicas, los chamanes, los que nombran, los que saben, los que dicen, los que cantan: María Sabina.

Pues el paso del mundo invisible al mundo de la imagen es también un paso del silencio a la voz, del olvido al recuerdo y de la quietud al movimiento. "Los huicholes —advierte Benítez— saben que están reconstruyendo las hazañas de sus dioses realizadas en el tiempo originario de la creación, y conocen los menores detalles del ritual". El dolor de esta sabiduría es que no se basta a sí misma, sino que reclama, precisamente, el movimiento, arrancarse de algo, exponerse a perder lo mismo que se está buscando: la unidad original.

El indio corre el peligro de volverse loco ante estas disyuntivas; se lanza al abismo pero crea "un inmenso ritual" que será el ala de su vuelo de Ícaro. El nombre del ritual es la metamorfosis: el indio canta un poema a fin de que los dioses cobren figura de flores y entren a la placenta y de ésta salga una nube que se convierta en nube "y llovió sobre la milpa". Movimiento y voz.

La quietud y la invisibilidad se parecen al silencio, el movimiento y la visibilidad se parecen a la voz. Benítez capta perfectamente el tono de voz indígena, infinitamente semejante al silencio: "El patetismo y la nerviosidad de nuestro mundo son aquí desconocidos. Se habla en tonos sordos y acariciadores y es de mal gusto que la voz deje traslucir irritación o menosprecio". Son "voces blancas, impersonales", y no las subraya ningún ademán, ni las confirma una mirada.

Es llamativo el contraste entre este mundo del silencio indígena y la resurrección verbal que en la naturaleza olvidada encuentra el escritor mexicano, Fernando Benítez, escribiendo en español. Ante la variedad del accidente geográfico y la correspondencia riquísima de su nomenclatura castellana, el escritor escribe: "Las palabras sepultadas en los diccionarios se animan, cobran su color, su matiz, su aspereza, su profundidad, su relieve, su dramatismo".

Lo más dramático de todo es que esta riqueza verbal no sólo opone al escritor, dueño de su lengua, a los indios, dueños de su silencio. Benítez, escritor, repite en este libro la hazaña que Alejo Carpentier atribuye, primariamente, al escritor hispanoamericano: bautizar, nombrar al nuevo mundo. Pero el *élan* maravilloso que el autor hereda y resucita es pronto disminuido, no sólo por el silencio humano que lo circunda, sino por el peligro mortal que el empleo del lenguaje del escritor, el castellano, puede suponer para los indios.

Dice un indio mixteco: "—Me quieren matar porque hablo español. Los asesinos nada más hablan triqui y piensan que yo estoy firmando escritos, que los estoy denunciando".

Benítez se da cuenta de que, al hablar la lengua castellana, el mixteco "ha violado el secreto de los suyos, ha salido de su grupo haciéndose del idioma extranjero". Nada ilustra más terriblemente que estas palabras la distancia, ¿insalvable?, entre dos culturas dentro de una misma nación. El lenguaje, primera realidad comunitaria de la cultura según Vico, aquí separa, amenaza y divorcia. ¿Qué cupo tiene la justicia en un mundo así, "donde víctimas y verdugos se unen para defender con un silencio impenetrable la intimidad y los secretos de su vida"?

El extranjero, escribe Benítez, "es el enemigo eterno" y esa enemistad empieza, pues, al nivel básico del lenguaje. *Los indios de México*, por supuesto, ofrece numerosos ejemplos de la distancia cultural entre lo oral y lo escrito. Un hombre es capaz de hablar siempre y cuando sus palabras no se conviertan en "papeles". La oralidad, incluso en el México urbano, es más segura que la literalidad, y la tradición del político mexicano chapado a la antigua, es no dejar nada por escrito. Pero en el caso de los indios, ser privados de la escritura no es sólo una autodefensa, sino una forma impuesta de la esclavitud y de la violencia. Benítez explica cómo el intento educativo de los primeros frailes duró bien poco; la corona y el clero se reservaron el dominio de la escritura para aumentar el dominio general "sobre las poblaciones analfabetas del nuevo mundo".

Bautizada por la negación, la palabra desemboca en la violencia. "Hombres mudos", escribe Benítez, "sólo con el alcohol recobran la palabra". La violencia y su hija, la muerte, recorren atrozmente las páginas de *Los indios de México*. Escenas de degradación colectiva por el alcohol, escenas de asesinatos y guerras por límites, son descritas con la limpieza de un grabado de Goya, un trazo al carbón de Orozco, una frase mortal de Rulfo: "—Mataron a sus padres y a una hermanita suya en el camino. De toda la familia sólo vive este niño y otro hermanito suyo que también se llama Pedro". "Si no encuentran al hombre que buscan, matan a la mujer y a los niños, ésa es la pura verdad". "Aquí si no hay muertos no están contentos".

El alcohol rompe el silencio pero inaugura la violencia: "Algunos estaban borrachos perdidos y yo en el fondo los justificaba porque no había razonablemente otro modo de hacer un viaje de treinta o cuarenta kilómetros a través de las montañas, cargando a cuestas un cadáver casi siempre en completo estado de descomposición".

IV

En nuestra memoria de lector, ese cuerpo descompuesto evoca a uno anterior en el texto, un indio encarcelado, asomado entre los gruesos maderos de la puerta, con toda la luz concentrada en los dientes: "su brillo de navajas expresaban la desesperación impotente del animal enjaulado de un modo que no podía expresar su español elemental". Pero prefigura también, a partir de su cárcel y su mudez y su boca abierta, otro cuerpo, éste ya no singular, ni carnal, sino simbólico, que es el del Dios, llámese Cristo o Venado. Entre los cuerpos abandonados, prisioneros, mudos, enfermos, y el cuerpo divino, se tiende la respuesta india: ritual, misterio, mito. A las muertes individuales de los hombres y a la muerte universal del Dios, se contesta con el tránsito de lo profano a lo sagrado, del cuerpo del hombre al cuerpo del Dios.

Pasar de una a otra realidad no supone, sin embargo, sólo un rito, sino la sabiduría acerca de lo que el rito reúne: lo separado, y acerca de lo que debe recordarse: lo olvidado. No son éstas tautologías disfrazadas, sino movimientos esenciales del alma, que se manifiestan visiblemente en el rito. Benítez nos hace ver cómo la ceremonia del peyote tiene por objeto cancelar la dispersión del yo, comulgar con el todo, "oír" los cánticos de los objetos, y regresar al tiempo original, al tiempo de la creación, a la "edad virginal de las primeras ideas donde regían los Formadores rodeados de plumas verdes y azules". Unidad original, dispersión inmediata: la conciencia de este movimiento está dicha en los textos huicholes donde, apenas nacen los dioses, luego se dispersan, "se riegan por la selva".

El temor y la nostalgia del alma ab-original vive dentro de este círculo sagrado, pero vicioso, pues al tiempo que recuperan el tiempo original, preservan, con el mito, su inmovilidad. "Son prisioneros de las montañas erosionadas y el Dios es su carcelero". Y la costumbre, que les da un mundo espiritual y mítico inalcanzable actualmente para los mexicanos de las ciudades, les da también "la costumbre de bajar la cabeza, la de consultar a los brujos, la de comprar al santo velas y cohetes, la de embriagarse hasta la muerte, la de ser explotados..., la de creer en los nahuales, los espantos y los esqueletos voladores. La costumbre, esa corteza dura de vicios y supersticiones que los mantiene atados de pies y manos y es al mismo tiempo la unidad del grupo, la preservación de su carácter y de su vida".

Todos vivimos en un proceso de elección constante, entre opciones diversas, entre afirmaciones y negaciones, sabiendo que cada decisión que tomamos sacrifica una pluralidad de alternativas. A pesar del silencio, la inmovilidad y "el costumbre", este sentido de la alternativa y el sacrificio que la elección implica, se hace más dramático en el mundo indígena descrito por Benítez. Acaso, sin embargo, los indios de México sólo son más conscientes que nosotros de la posibilidad enunciada por Bronowski respecto al ajedrez: las jugadas desechadas son tan parte del juego como las jugadas efectuadas. William James escribió que "la mente es, en cada momento, un teatro de posibilidades simultáneas". Podemos entender y compartir esta realidad con el pensamiento aborigen: vale para María Sabina y para Rainer María Rilke.

El mundo indígena la expresa a través de estos binomios dramáticos, visibilidad e invisibilidad, silencio y voz, movimiento y quietud, memoria y olvido, violencia y muerte. Hay uno más que encubre, precisamente, el movimiento espiritual de lo plural y simultáneo, y es el binomio entre lo provisional y lo permanente. La vida, la creencia, el ritual, son permanentes, pero las cosas suelen ser provisionales, como en esa Copala descrita por Benítez donde todo, "a excepción de la iglesia, es provisional y está marcado con el sello de la locura y la muerte". No sé si esta provisionalidad sólo disfraza la virtualidad de los movimientos ausentes pero potenciales del mundo indígena; no sé si sólo es el "teatro de posibilidades simultáneas". Sí creo, en cambio, que es el signo de una voluntad de sobrevivir, a pesar de la catástrofe, la injusticia y la hostilidad natural.

Simultáneamente, la nobleza y la miseria se hermanan en estas páginas. La vulgaridad, la pretensión del mundo urbano desaparecen. Éstos son los únicos aristócratas de un país de remedos provincianos, hidalgos segundones de la colonia, criollos ensoberbecidos de la independencia, burgueses crueles, corruptos e ignorantes. "Espectadores severos y dignos" de la Tarahumara, tzotziles cuya virilidad está en pugna con la fragilidad de la infancia, su dignidad y su belleza son devastadas constantemente por la miseria, el alcohol, la fatalidad: "Nos va mal en todas partes". Sí, como dice Fernando Benítez, merecen otro destino. Por el momento, sólo lo encuentran aislados, mediante su sabiduría atávica y mitológica, ataviándose con la suntuosidad de los dioses encima de sus trajes sucios y sus huaraches de llanta para recobrar el misterio, la lejanía, la pureza ritual, el contacto con los dioses; y todo ello sin perder nunca de vista las pruebas sufridas por su humanidad.

¿Merecen otro destino? "Rota la cohesión de la fiesta, desvanecida la visión de la fraternidad y la abundancia, queda el desierto polvoriento, el ocio, el hambre que no sacian los pitahayos ni los frutos del huizache..."

¿Merecen otro destino? La respuesta debe ser nuestra. A nosotros nos corresponde saber si nos interesa participar en los frutos de la comunidad indígena, su pureza ritual, su cercanía a lo sagrado, su memoria de lo olvidado por el cresohedonismo urbano, haciendo nuestro, en nuestros propios términos, el valor del otro. A nosotros nos corresponde decidir si podemos respetar esos valores ajenos, sin condenarlos al abandono, pero salvándolos de la injusticia. Los indios de México son parte de nuestra comunidad policultural y multirracial.

Olvidarlos es condenarnos al olvido a nosotros mismos. La justicia que ellos reciban será inseparable de la que nos rija a nosotros mismos. Los indios de México son el fiel de la balanza de nuestra posibilidad comunitaria. No seremos hombres y mujeres justos si no compartimos la justicia con ellos. No seremos hombres y mujeres satisfechos si no compartimos el pan con ellos.

LAS TRES REVOLUCIONES MEXICANAS

La Revolución mexicana de 1910-1921 consistió, por lo menos, en tres revoluciones. La revolución número uno —que quedó fija para siempre en la iconografía pop— fue la agraria, la del movimiento de los pequeños pueblos encabezado por jefes como Pancho Villa y Emiliano Zapata. Este movimiento fue una revuelta local que intentó la restauración de los derechos de las comunidades sobre sus tierras, bosques y aguas. Su proyecto favorecía una democracia comunitaria descentralizada y autónoma, inspirada en las tradiciones compartidas. En muchos aspectos fue una revolución conservadora.

La revolución número dos, menos nítida en los iconos de la memoria, fue la revolución nacional, centralizadora y modernizante originalmente encabezada por Francisco Madero, y después, cuando éste fue asesinado en 1913, por Venustiano Carranza, y que finalmente se consolidó en el poder con los dos estadistas más poderosos del México de los años veinte: Álvaro Obregón y Plutarco Elías Calles. Su propósito era el de crear un Estado nacional moderno, capaz de fijarse metas de beneficio colectivo mientras promovía la prosperidad privada.

Entre las dos, en alguna parte, y definitivamente imperceptible en la memoria colectiva, tuvo lugar una incipiente revolución proletaria, que reflejó el desplazamiento del artesanado tradicional mexicano por

41

métodos industriales modernos. Radicalizada por dirigentes y teorías anarcosindicalistas, la naciente clase trabajadora llevó a cabo los dos más grandes desafíos contra la dictadura de Porfirio Díaz: la huelga de los trabajadores textiles de Río Blanco en 1906 y, pocos meses después, la huelga de los mineros de Cananea. Durante la revolución los obreros se agruparon en los llamados batallones rojos y apoyaron a Carranza, pero retuvieron su autonomía bajo la organización llamada Casa del Obrero Mundial, una alianza de sindicatos autónomos. En general los trabajadores consideraban a los campesinos como gente primitiva y reaccionaria y miraban más allá del caudillaje de la clase media y su respeto por la propiedad privada: su meta era el control de las fábricas y la expulsión de los capitalistas nacionales y extranjeros.

La revolución número 2 triunfó finalmente sobre las revoluciones 1 y 3, y estableció, entre 1920 y 1940, las instituciones del México moderno. Cómo sucedió esto y de qué profundidades sociales e históricas emergió el México moderno, es el tema del apasionante e indagatorio estudio de John Mason Hart sobre "el México revolucionario". John Mason Hart, profesor de historia en la Universidad de Houston, ha publicado su libro en un momento oportuno. La relación de los Estados Unidos con México es, quizá, la segunda en importancia después de su relación con Moscú. Sin embargo, la disparidad entre la atención concedida a la Unión Soviética (ya ahora a Rusia), y la que se le dispensa a México (y, por extensión, a Latinoamérica) es flagrante.

Mientras el poder de los Estados Unidos y la antigua Unión Soviética disminuye y surge un mundo multipolar posterior a Yalta, México y Latinoamérica podrán ser cada vez menos dependientes de cualquiera de los grandes poderes, más cercana su alianza con Europa occidental y los países de la cuenca del Pacífico y mayor la unión entre ellos como comunidad iberoamericana. Las relaciones entre los países de Latinoamérica serán ampliamente restructuradas en la próxima década, y nada se ganará con la mutua ignorancia. El libro de Hart hace una importante contribución a la erradicación de los mitos y a la clarificación del proceso de la historia de México.

Ésta se presenta algunas veces como un pastel en camadas: se le puede rebanar en pedazos muy bien definidos. A la conquista del mundo indígena por los españoles en 1521 siguieron tres siglos de dominio colonial. La independencia política se logró entre 1810 y 1821 y le sucedieron la dictadura, la anarquía y la pérdida de la mitad del territorio en 1848 a manos de los Estados Unidos. La reforma liberal dirigida por Benito Juárez en los años cincuenta del siglo XIX fue el primer intento de modernización, pero quedó interrumpido por la reacción conservadora, la intervención francesa y el breve imperio de Maximiliano. La modernización sin democracia caracterizó a la larga dictadura de Porfirio Díaz que se inició en 1876 y que fue derrocada finalmente por la revolución de 1910. La revolución pasó por una etapa armada hasta el año 1920, luego vino un periodo que se extendió hasta el año 1940 y que se conoce como la etapa de la reconstrucción revolucionaria. Después pareció haberse logrado una etapa de crecimiento y equilibrio que alteró la crisis de los años ochenta, reavivando el debate sobre la historia de México y su orientación.

Sin embargo, como toda la pastelería en camadas, bajo la capa de azúcar se halla lo sustancioso: pastas, vetas de chocolate a lo largo de todo el pastel. El libro de Hart no es sobre el azucarado o los pedazos de pastel, sino sobre la sustancia misma del relleno. De inmediato se perciben varias tensiones. Una es la continuidad de la lucha social en México: la Revolución mexicana, puede uno argumentar al leer a Hart, en realidad comenzó un día después de

43

la caída de los aztecas ante el conquistador Hernán Cortés. La segunda es la tensión, dentro de esa continuidad, entre el dinamismo de la modernización y los valores de la tradición. Esto implica, en cada etapa de la historia de México, un ajuste entre el pasado y el presente cuyo rasgo más original es la admisión de la presencia del pasado. Nada parece estar totalmente cancelado por el futuro en la experiencia mexicana: formas de vida y reclamos legales que datan de la época de los aztecas o de los siglos coloniales, son aún pertinentes en nuestros tiempos.

Uno de los puntos fuertes del libro de Hart consiste en que éste no sólo entiende la presencia del pasado en México, sino que organiza con gran claridad la mutua respuesta del tradicionalismo y la modernización. Procede así distinguiendo, más allá del nítido corte cronológico, el melodrama maniqueísta (México como la historia de héroes y villanos), las personalidades histriónicas (México como la historia de personalidades poderosas) e incluso los cambios de administraciones políticas, una continuidad del agrupamiento social cuyos intereses, a veces concurrentes, a veces hostiles, explican verdaderamente la dinámica del México revolucionario.

Espero que no esté simplificando demasiado al separar los cuatro grupos que Hart somete a un estudio intenso: campesinos, trabajadores urbanos, clase media o pequeña burguesía y élites rurales. Revoloteando sobre ellos, a veces distante y desinteresado, a veces entrometido y con frecuencia represivo, se halla el Estado central bajo todas sus máscaras: imperio indígena autocrático, monarquía española en sus dos fases (Habsburgos, de 1521 a 1700, paternalistas, volubles, pero extremadamente astutos para socavar a las élites coloniales, y Borbones, de 1700 a 1821, intervencionistas, modernizadores entrometidos, convencidos de que el papel del Estado era la promoción del

44

desarrollo). Esta triple tradición —azteca, Habsburga y Borbónica— se perdió con la independencia de la República al lanzarnos, junto con el resto de la América española, a la imitación extralógica de las leyes y las instituciones de Gran Bretaña, Francia y los Estados Unidos. En cierta forma, la Revolución mexicana puede ser vista (en éste y muchos aspectos culturales) como un regreso a las fuentes. El moderno Estado —autoritario, paternalista, teleológicamente orientado hacia el logro del bien común y por lo tanto más interesado en la unidad que en el pluralismo— está más cerca de Santo Tomás de Aquino que de Montesquieu.

Hart se concentra más en los movimientos sociales y económicos de la historia de México que en el desarrollo del Estado nacional, y está en lo correcto al proceder así, ya que su método permite al lector entender un proceso rara vez explicado. El campesinado de México, por ejemplo, está visto como una clase tradicionalista, interesada en restaurar los derechos comunitarios sobre la producción y la tenencia de la tierra, derivados de la época precolonial y confirmados más tarde por la visión legal de la monarquía sobre el dominio eminente de la corona. El relativo equilibrio de la época colonial, tan opresivo y tan protector como llegó a ser, fue radicalmente destruido por el activismo liberal del siglo XIX. Las leyes liberales que hicieron ilegal la propiedad comunal condujeron a la masiva apropiación de tierras y a que las élites terratenientes locales dispusieran de las tierras de los pueblos; de aquí surgió, con el tiempo, el sistema latifundista del régimen del Porfirio Díaz, que benefició enormemente a la oligarquía mexicana y a los terratenientes norteamericanos, principalmente.

El *México revolucionario* investiga minuciosamente un área poco conocida: la de la propiedad de la tierra en manos de los norteamericanos en México durante la dictadura de Díaz. En 1910 ésta ascendía a 100 millones de acres que incluían valiosas minas, tierras agrícolas y bosques, y que representaban el 22 por ciento de la superficie del país. Sólo el complejo propiedad de William Randolph Hearst se extendía a casi ocho millones de acres. Sin embargo, en 1910 el 90 por ciento de los campesinos carecía de tierra.

El régimen de Díaz comenzó, en 1876, como un gobierno dinámico y modernizador. Hart lo describe como un régimen que se asentaba ampliamente en un país de 9.5 millones de habitantes (México tiene en la actualidad una población diez veces mayor) y que gozó del apoyo general de la clase media y de las élites rurales hasta las postrimerías del siglo XIX. Pero mientras el Porfiriato permitía que el desarrollo de México fuera definido cada vez más desde el extranjero, los grupos de clase media veían cómo se les marginaba, pues los mayores beneficios iban a las compañías extranjeras. Éstas tenían gran interés en promover las exportaciones, pero se mostraban muy poco interesadas en la expansión del mercado interno.

Este esquema, impuesto a una sociedad básicamente agraria con una fuerte clase terrateniente, desembocó en una burguesía débil, en la represión de los movimientos laborales y agrarios y, finalmente, en el fracaso para incorporar a los nuevos grupos —hombres de negocios, profesionistas, administradores, rancheros— que el régimen mismo había fomentado. El gobierno de Díaz transformó a miles de campesinos y artesanos tradicionales en trabajadores agrícolas e industriales. Pero también tenía que establecer poderosas fuerzas de seguridad que vigilaran que los trabajadores estuvieran desunidos, que las huelgas fueran disueltas y que la mano de obra siguiera siendo barata. La represión, la falta de oportunidades, los sentimientos nacionalistas, las susceptibilidades ante las contracciones económicas externas, las demandas de tierra y los nuevos reclamos de poder, finalmente llevaron a la revolución a campesinos, obreros, clase media y las élites rurales. Como sucede con frecuencia, la sociedad había rebasado al Estado y éste lo ignoraba.

El autor describe puntualmente la respuesta oficial de los Estados Unidos a la dinámica social y política de México, y mientras que muchos de los datos son nuevos, sorprendentes y bien investigados, no pienso que éstos se sumen a su lapidaria declaración de que "el significado más profundo de la Revolución mexicana" consistió en ser "una guerra de liberación nacional contra los Estados Unidos". Tal afirmación nos distrae del hecho abrumador de considerar a México como un país en busca de sí mismo a través de las contradicciones y revelaciones del levantamiento revolucionario. La revolución como autoconocimiento, la revolución como un suceso cultural, es el legado más perdurable de lo que sucedió entre 1910 y 1940, y este suceso hubiera ocurrido con o sin los Estados Unidos. Continúa nutriendo a las artes, la literatura, la psique colectiva y la identidad nacional de México más que ningún otro factor de la revolución.

Pero Hart está en lo correcto al decir que el recurso de México a la revolución se justificó por la transformación de la propiedad que tuvo lugar, del control local al ausentista, de la propiedad nacional a la extranjera. La historia de las transformaciones políticas y económicas de las instituciones está descrita simultáneamente en los planes nacionales e internacionales. Lo que la clase media y las élites rurales, comprometidas con la revolución, tuvieron que enfrentar al cabo fue una revolución dirigida por campesinos y obreros que pudo establecer un Estado radical basado en el poder popular. Los trabajadores de la Casa del Obrero Mundial, con casi 100 mil miembros, desafiaron en 1916 al gobierno que había triunfado en los campos de batalla con la huelga general de mayor duración en la historia de México. Su propósito era el de establecer un gobierno autónomo de los trabajadores, un programa que continúa dando escalofrío lo mismo a los capitalistas que a los totalitarios, pues prescinde de ambos. Villa y Zapata fueron firmes en sus demandas de redistribución total de tierra y de autogobierno para las comunidades agrarias. Como lo describe Hart, "con el despertar de los villistas, docenas de pueblos se apoderaron de las propiedades vecinas y establecieron comunidades". Villa emancipó a los campesinos y promulgó la distribución de la tierra; en su nombre, miles de rebeldes de la clase más pobre asaltaron las propiedades norteamericanas y las haciendas de los mexicanos.

El zapatismo fue incorruptible e invencible y demostró constantemente su "capacidad para reemplazar al Estado con un autogobierno descentralizado" mediante una federación de municipios libres. Tanto los líderes de la clase media modernizadora y centralizadora (Madero, Carranza, Obregón) como los Estados Unidos vieron en esos movimientos la amenaza final a sus propios intereses. Tácitamente se agruparon en contra de ellos, pero naturalmente sus opciones fueron diferentes. Para el gobierno de Wilson, la Revolución mexicana vino a representar una indeseable elección entre dos extremos. O aceptaba Washington el triunfo, al sur de su frontera, de una revolución de obreros y campesinos colectivista, antinorteamericana, radical y experimental, pero al mismo tiempo confusamente tradicionalista, o accedía a las demandas de poderosos intereses norteamericanos que exigían que la respuesta oficial de Washington a la Revolución fuera la intervención e incluso la anexión del territorio mexicano.

Tal actitud no era una balandronada. Entre marzo y septiembre de 1913, los Estados Unidos hicieron enormes envíos de armas al dictador Victoriano Huerta, con la esperanza de que liquidara las revueltas de Carranza, Villa y Zapata, dándole así a Huerta la oportunidad de restablecer esos dos fetiches gringos que son el orden y la estabilidad. El gobierno de Wilson, señala Hart, estableció el embargo de armas sólo cuando resultó obvio que Huerta, un tirano sangriento e incompetente, era incapaz de restaurar el orden.

Se abrió entonces la frontera para la compra de armas por parte de los rebeldes, y tal flujo aseguró que los revolucionarios recobraran la parte central de México y derrocaran a Huerta. Simultáneamente a este hecho, el gobierno de Wilson ocupó el puerto de Veracruz en 1913 y acumuló ahí un enorme arsenal. Pero mientras se las tenía que ver con una revolución popular que ni entendía ni controlaba, Wilson tuvo también que hacer frente a las presiones de los intereses norteamericanos afectados por la revolución y que estaban impacientes por intervenir. Entre los más sobresalientes se contaban el ya mencionado Hearst, William F. Buckley padre, de la Texas Oil Company, y el senador Albert B. Fall, quien exigía la intervención y la anexión de México.

Esos extremos contemplaban, cada uno, su propia catástrofe imaginable —no sólo el temor de una colectivización de la clase baja sino una intuición previetnamita de una guerra sin fin, barruntada ya en 1847 por los generales Zachary Taylor y Winfield Scott, cuando tuvieron que retirarse de las zonas ampliamente pobladas de la parte central de México que ya habían conquistado, en contra del consejo de esos dos notables intervencionistas, Marx y Engels, quienes pensaban, como Buckley y Fall, que el único México bueno era el México gobernado por los Estados Unidos.

Atrapado entre las presiones, Wilson escogió el mal menor: el apoyo a las clases medias y las élites rurales dirigidas por Carranza. El arsenal de Veracruz (artillería, carabinas, bayonetas, ametralladoras, rifles, pistolas, cartuchos, granadas, alambre de púas, gas venenoso y dinamita) fue entregado por los *marines* a Carranza. Los barcos norteamericanos que apoyaban a la facción carrancista atracaron en los puertos de Mazatlán, Manzanillo, Acapulco, Salina Cruz y Guaymas, asegurando un flujo constante de abastecimiento. Villa y Zapata fueron así derrotados. Lo mismo que, como se desprende de la lectura de Hart, el mito de una inmaculada Revolución mexicana que nunca recibió apoyo armado del extranjero.

Pero si Wilson tenía un problema, también lo tenían los líderes de clase media de la segunda revolución. Éstos enfrentaban la doble amenaza de un movimiento autónomo y radical de la clase baja que luchaba por el poder y, si Wilson prestaba oídos a Buckley, Hearst y Fall, la participación, la anexión o al menos la creación de un protectorado norteamericano sobre México. Los líderes de la clase media tenían que reformular, en términos contemporáneos, una veta más que corría a través del pastel mexicano como jarabe de chocolate por una tarta Sacher. Este problema era el del nacionalismo, e incluso Díaz, que tanto había dado a los norteamericanos, sintió hacia el final de su régimen que tenía que hacer unos cuantos ajustes. Se salió de su camino para ayudar al presidente nacionalista nicaragüense, José Santos Zelaya, en contra del intervencionismo de Taft, y con gran pesar para la Standard Oil, la Texaco y los intereses de los Harriman y Stillman, dio a los ingleses preferencia en lo que hasta 1907 había sido coto reservado de los Estados Unidos en la economía mexicana: el petróleo y los ferrocarriles.

El presidente Taft no estaba contento. Los Estados Unidos apoyaron entonces a Madero en contra de Díaz. Pero como Madero tenía que afirmar su propia legitimidad nacionalista, los Estados Unidos, como ya se mencionó, dieron su apoyo a Huerta y luego a Carranza en contra de las revoluciones de Villa y Zapata. Pero Carranza, que fue forzado a admitir la expedición punitiva del general John J. (Black Jack) Pershing en contra de Villa, en 1917, tuvo que contrarrestar ese hecho con el coqueteo al Kaiser Guillermo II y con la negativa a asegurar a los intereses norteamericanos en la banca, la minería y el petróleo, concesiones ininterrumpidas en el futuro. Una vez más el senador Fall (que debió renunciar como secretario del Interior del presidente Harding durante el escándalo del Teapot Dome) estaba descontento. El gobierno de Obregón, aunque ideológicamente más radical que el de Carranza, aseguró a las compañías norteamericanas su presencia en México. Los llamados acuerdos de Bucareli de 1923 fueron tan lejos como garantizar a los Estados Unidos que México no aplicaría retroactivamente su Constitución en asuntos concernientes a la propiedad del subsuelo. Sin embargo, en 1938, el presidente Lázaro Cárdenas restauró totalmente el mandato constitucional y procedió a nacionalizar todas las propiedades petróleras de origen extranjero.

Los conflictos de interés de las clases sociales que la Revolución mexicana puso a descubierto no se acabaron con la derrota de Villa y Zapata ni con la asimilación de los liderazgos que sobrevivieron a los sindicatos de la Casa del Obrero Mundial. La Constitución de 1917 fue en realidad, como lo indica Hart, el resultado de la solidaridad entre las élites rurales y la clase media en ascenso. Sin embargo, ese documento tuvo que hacer concesiones a todas las clases sociales. La Revolución mexicana prosiguió entonces hasta consolidarse a sí misma como gobierno o, según lo señaló un famoso general revolucionario de esa época, "esta revolución ya degeneró en gobierno".

Debido a la necesidad o gracias a su singular genio político, el presidente Obregón, a principio de los veinte, dio a la élite triunfante la oportunidad de probarse a sí misma como constructora de un Estado, creando instituciones políticas que incorporasen a los obreros y campesinos derrotados en la victoria de la clase media. El nuevo gobierno necesitaba continuar su alianza con los campesinos y los obreros porque seguía enfrentando retos a diestra y siniestra, de los intranquilos campesinos, de la iglesia, de los disidentes del ejército, de los Estados Unidos y de las compañías extranjeras. A lo largo de los gobiernos de Plutarco Elías Calles y Lázaro Cárdenas, entre 1925 y 1940, el ejército y la iglesia fueron puestos bajo control, el gobierno central hizo valer su autoridad sobre los jefes militares rebeldes, se hicieron enormes avances en salud, educación y comunicaciones, se logró un *modus vivendi* con los Estados Unidos durante el gobierno de Roosevelt y se les dio participación a los líderes villistas, zapatistas y de la Casa del Obrero en una organización corporativa que sobrevive hasta nuestros días con su nombre actual: Partido Revolucionario Institucional.

¿Qué hubiera sucedido en México si Villa y Zapata hubieran ganado? ¿Y si los obreros de la Casa hubieran alcanzado sus metas? ¿Qué hubiera sucedido si México se hubiese abandonado a la marea de su propia evolución? ¿Y qué tal si los Estados Unidos hubieran seguido siendo colonia británica en el siglo veinte o que Rusia hubiera evolucionado bajo el régimen de los zares? Las preguntas son abrumadoras pero finalmente inútiles. Como lo señala Hart, "a través de la revolución las masas lograron impresionantes beneficios, eliminando la mayoría de los vestigios de casta y las arcaicas relaciones sociales que aún son una plaga en la mayor parte de Latinoamérica, y abrieron la sociedad a la educación pública y a la movilidad social".

Casi setenta años después de la muerte de Zapata, México enfrenta de nuevo una crisis y la necesidad de un cambio. Un enorme desarrollo ha tenido lugar simultáneamente con una gran injusticia. Otra vez México debe buscar las soluciones a su modernización económica en su modernización política. La sociedad, como en 1910, ha rebasado a las instituciones. Pero, una vez más, la modernización no puede alcanzarse a costa de las pequeñas comunidades agrarias, el mundo olvidado de Villa y Zapata. El *México revolucionario* es un recordatorio a tiempo de que si México ha de lograr un crecimiento constante, debe, al menos, permitir que el poderoso Estado central entienda el pacífico desafío de autogobierno que se plantea desde abajo. El aspecto cultural vuelve a ser prioritario, ya que la continuidad de la historia de México implica un esfuerzo para admitir la presencia del pasado, uniendo la tradición con el desarrollo.

IMAGINAR EL PASADO, RECORDAR EL FUTURO

Recientemente, el periodista Raúl Cremoux nos preguntó a un grupo de mexicanos: "¿Cuándo empezó México?"

Un tanto perplejo, consulté mi respuesta con un amigo argentino, toda vez que la Argentina es, en América Latina, el polo opuesto de México, tanto geográfica como culturalmente.

Mi amigo, el novelista Martín Caparrós, me contestó primero con un famoso chiste:

"Los mexicanos descienden de los aztecas. Los argentinos descendimos de los barcos".

Y es cierto: el carácter migratorio, reciente, de la Argentina contrasta con el perfil antiquísimo de México.

Pero Caparrós me dijo algo más:

La verdadera diferencia es que la Argentina tiene un *comienzo*, pero México tiene un *origen*.

Se puede decir con cierta facilidad cuándo comenzó algo. Es mucho más difícil entender cuándo se originó algo.

Yo quisiera poseer la convicción o la clarividencia necesarias para definir el origen de México, para ponerle fecha precisa a nuestro país, pero siempre me encuentro con numerosas dudas que se me vuelven preguntas:

¿Empezó "México" cuando creció en su suelo la primera planta de maíz?

¿O aquella noche en que los dioses se reunieron en Teotihuacán y decidieron crear al mundo?

¿Comenzamos con la agricultura, o con el mito?

¿Con el hambre de la palabra, o con la palabra del hombre?

¿Quién dijo, en México, la primera palabra?

¿Hubo siquiera una primera palabra, o bastó escuchar el rumor desarticulado, el ladrido del perro, el trino del ave, la oración del sufriente, para convocar un mundo?

Y algo más: ¿Nació México aislada, singularmente, o somos, desde un principio, origen y destino de vastas migraciones, hermanados con el resto del mundo por los pies de muchos caminantes?

Hay diversos orígenes posibles para una tierra tan vasta, tan antigua y tan misteriosa como la nuestra, y todavía tan poco explorada hacia el pasado y hacia el porvenir: mi visión de México está siempre capturada entre el enigma de la aurora y el enigma del crepúsculo y, en verdad, no sé cuál es cuál, pues ¿no contiene cada noche el día que le precedió, y cada mañana la memoria de la noche que le dio origen?

No son, todas éstas, preguntas ociosas en el México de 1994, cuando los misterios del pasado y los del futuro parecen unirse para pedirnos, no sólo información, sino imaginación; no sólo razón, sino verdad. ¿De dónde venimos? ¿A dónde vamos? Nuestro conflictivo presente nos obliga a todos a repensar la visión que tenemos de nuestro país.

Un pueblo, escribió el historiador francés Jules Michelet, tiene derecho a imaginar su futuro. Yo añado que tiene también el derecho a imaginar su pasado.

En el umbral de un nuevo tiempo mexicano, me detengo a celebrar un acto de la memoria y de la imaginación, invirtiendo los términos usuales del tiempo: quiero imaginar un pasado y recordar un porvenir, prometido en parte por ese pasado, desvirtuado otro tanto por él, obstaculizado a la vez que animado por cuanto hemos sido, somos y queremos ser.

Algo es cierto: nosotros hicimos el pasado y somos responsables de él, a menos de que, conscientemente, queramos ser olvidados cuando, inevitablemente, nosotros mismos seamos el pasado.

Las cenizas de Salgado

Regreso a una noche de lluvia un viernes del mes de agosto de 1988, después de las elecciones nacionales de julio.

Félix Salgado Macedonio, candidato a diputado del Frente Democrático Nacional (FDN) por el segundo distrito de Guerrero, subió a la tribuna del recinto legislativo de San Lázaro, constituido en Colegio Electoral, con dos costales al hombro. Desde la tribuna vació el contenido de los costales: miles de boletas electorales cruzadas a su favor y quemadas total o parcialmente, a fin de despojarlo de su victoria y dársela al candidato oficial del Partido Revolucionario Institucional (PRI), Filiberto Vigueras.

En el acto de vaciar sus sacos, Salgado Macedonio arrojó un puñado de polvo volcánico en el rostro de la política tradicionalmente practicada en México. Su Viernes de ceniza tuvo éxito. El Colegio Electoral negó los resultados oficiales de la elección, le dio a Salgado su legítima curul, y consoló a su opositor priísta, Vigueras, con un escaño de representación proporcional.

Pero recordando las cenizas de Salgado, recuerdo también el brillante capítulo inicial del libro del poeta romántico francés, Alfred de Musset, *Las confesiones de un hijo del siglo*. Inclinado sobre el tránsito de la era napoleónica a la Francia burguesa de Luis Felipe, el poeta nos recuerda que el pasado y el porvenir nunca se divorcian totalmente, sino que uno y otro coexisten en nuestro tiempo. Cada paso que damos en nuestro siglo, concluye De Musset, toca al mismo tiempo un suelo de ruinas y otro de semillas.

Ruina y semilla, las cenizas de Salgado caen sobre nuestra tierra con su doble rostro de premonición y recuerdo: son las cenizas pero también los surcos de una tradición política que viene de muy lejos, se nutre de muchas tradiciones y alimenta muchos fuegos. Pues detrás de los sacos vaciados del diputado por Guerrero está toda la historia de México. Y aunque queramos arrojar las cenizas al viento, no podemos apagar el volcán de nuestra historia política ni prometer, como la Biblia, que derrumbaremos las montañas y elevaremos los llanos.

Llamémoslo tradición, llamémoslo pasado, llamémoslo, como lo he hecho a lo largo de estas páginas, tensión entre presente y pasado, entre tradición y renovación: tal es el latido del corazón histórico de México.

Sístole y diástole han sido, de una parte, el impulso centralizador, autoritario, religioso, conservador, y, de la otra, el movimiento descentralizador, democratizador, laico y modernizante. El primer movimiento, el centrípeto, se presentó originalmente con la máscara del monarca azteca, cuyo título oficial, el tlatoani, el señor de la gran voz, designa sus atributos autoritarios: el rey es el dueño absoluto de la palabra. La monarquía española le dio a México un sistema vertical y autoritario no demasiado distinto del de Moctezuma, pero con una variante: la metrópolis quedaba lejos de la colonia. De 1521 a 1700, los Austrias se mostraron remotos, paternalistas, pero astutos para minar las pretensiones de rango y poder autónomo de las élites criollas. Entre 1700 y 1821, en cambio, los Borbones, verdaderas hormigas dinásticas, centralizaron, intervinieron, modernizaron, convencidos de que la función de la corona hispánica era promover el desarrollo de la península y el de las colonias proporcionar la materia prima y la mano de obra barata necesarias para la prosperidad de España.

Bajo los Habsburgos, las élites coloniales midieron ingenios con la monarquía, creando sus propios sistemas de explotación de las minas, las haciendas y el trabajo indígena. Mientras Carlos V dejaba caer sobre la colonia novohispana una lluvia de leyes proclamando el dominio eminente de la corona sobre tierras, aguas y subsuelo y protegiendo a los indígenas y sus comunidades, la oligarquía criolla proclamaba su propio credo: "La ley se obedece pero no se cumple".

La distancia entre la corona y la colonia, entre la legalidad y la realidad, entre la autoridad ejercida legítimamente y la abusada *de facto*: el vacío fue llenado por la pléyade de los caciques, los jefes locales y sus clanes —familias, asociados, guardaespaldas, matones a sueldo, amantes— que gobernaban de hecho al México profundo, imponiendo su capricho personal por encima de las instituciones públicas y las leyes. El caciquismo sigue vivo, en México y en Latinoamérica, a todos los niveles de la vida local y concreta.

Los hijos de César Augusto y Santo Tomás

Pero dos factores más, y mucho más filosóficos, deben ser evocados si queremos entender la tradición política mexicana. Uno es el hecho de que, durante trescientos años, México, junto con toda la América española, fue a una sola escuela política, la de San Agustín y Santo Tomás de Aquino. Las enseñanzas de la escolástica católica se encuentran grabadas en el alma misma de la política mexicana. Proponen una meta superior, el bien común, a la cual quedan supeditados todos los demás valores, sobre todo los individuales. Priva la comunidad sobre el individuo. Y los valores de la comunidad no son obtenibles mediante el capricho electoral sino en virtud de la unidad ejercida por un solo hombre en nombre de todos. La gracia política, como la divina, no se obtiene sin intermediarios. A la jerarquía eclesiástica le corresponde la mediación de la gracia, afirma San Agustín en su histórica disputa con el hereje Pelagio, para quien, contrariamente, la abundancia de la gracia de Dios era asequible a cualquier moral; Lutero heredó a Pelagio; nosotros, a San Agustín.

El otro factor común es el del derecho romano y las prácticas imperiales de Roma. La gran revolución jurídica de Roma fue la publicación de la Ley de las XII Tablas a mediados del siglo V a fin de ser hecha pública y conocida por todos: la ignorancia de la ley, por ello, no excusa su cumplimiento; pero, también, el capricho autoritario queda excluido, así lo sancione la costumbre.

Bajo Augusto, sin embargo, la publicidad del derecho escrito sufrió una modificación notable. La Ley Triboniana dio todo el poder a César. Pero en la práctica, César debía confrontar realidades socioeconómicas, promoviendo a su propia meritocracia, fiel a Augusto. La burocracia cesárea se convirtió en el centro del poder imperial y en el fiel de la balanza en las pugnas promovidas por César entre la nobleza y la plebe a fin de fortalecer al imperio. De este modo, César podía favorecer un día a la nobleza para socavar a los demagogos populistas, pero al día siguiente podía favorecer al pueblo para socavar las ambiciones de la nobleza. Manipulación, pero también compromiso.

Las políticas imperiales romanas, benditas por la filosofía política católica, legitimaron al imperio español. El precio a pagar fue el sacrificio de la cultura democrática de la España medieval —Cortes, cartas ciudadanas, poderes judiciales independientes, pro-

tección de intereses económicos de la clase media—
fatalmente condenada por la victoria del joven em-
perador Carlos V contra las Comunidades de Castilla en Villalar. El año es 1521, el mismo en que
México-Tenochtitlan se rinde a Cortés. Si alguna
vez un conquistador deseó crear un orden democrático en América, no lo demostró, ni la corona se lo
hubiese tolerado.

Cuando nos independizamos de España en 1821,
tres siglos después de la conquista, el movimiento
liberal y modernizante decidió dejar atrás el pasado.
Junto con las demás repúblicas hispanoamericanas,
nos lanzamos a la imitación extralógica de las leyes
francesas, británicas y norteamericanas, convencidos
de que su simple transferencia a nuestro suelo pobre,
explotado e injusto, nos convertiría instantáneamente
en sociedades prósperas y democráticas. Este ejercicio de la *Democracia Nescafé* olvidó una cosa pero
consagró otra. Olvidó que no podía haber sociedad
democrática sin continuidad cultural. La renuncia
independentista al pasado indígena, juzgado bárbaro,
y al pasado español, juzgado oscurantista, nos obligó
a improvisar una cultura democrática inexistente.
En cambio, la nación fue eregida como un compromiso
entre el imperialismo español derrotado y los separatismos caciquiles (las republiquetas en Suramérica)
animados por el derrumbe del imperio español ayer
como por el del imperio soviético hoy.

Enfrentado al sueño liberal, el partido conservador mexicano apoyó la continuidad del orden colonial.
Los liberales querían un país legal. Pero sus fachadas
constitucionales sólo escondían al país real que los
conservadores querían conservar. Entre el estira y
afloja de ambos se creó un vacío político: la discordia
y la sangría permanentes. La anarquía alternó con la
dictadura. México, dice Enrique González Pedrero,
se convirtió en el país de un solo hombre: Santa
Anna, déspota y anarquista a la vez. País a la deriva,

México perdió la mitad de su territorio en una guerra injusta iniciada por los Estados Unidos en nombre de su destino manifiesto y estuvo a punto de perder la otra mitad avasallado por las armas del Segundo Imperio Francés, la corona de sombras de Maximiliano y Carlota y la traición del partido conservador, que se anuló a sí mismo como factor político por largo tiempo. La pérdida de los territorios de Texas a California fue la última desagregación del imperio español en Tierra Firme.

La reacción contra Santa Anna fue la revolución liberal encabezada por Benito Juárez. Fue el primer gran triunfo de la facción modernizante, laica, pro-capitalista (y por ello luterana, protestante) en la historia de México. Separó a la iglesia del Estado, estableció la supremacía del poder civil, despojó a la iglesia, la aristocracia y el ejército de sus privilegios seculares, que todos ellos habían retenido como fundadores del México colonial.

Juárez quiso trasladar estos poderes a una clase media y empresarial democrática, individualista y capitalista. Pero había que pagar dos precios, y fueron tan altos que hicieron imposible el triunfo real de la república restaurada. Primero, los derechos comunitarios del campesinado y de las comunidades indígenas fueron denegados a favor de la expansión capitalista: el campesino y el indio fueron reducidos de nuevo a la esclavitud, esta vez en nombre del progreso liberal. Y, en segundo término, la república centralista tenía que ser defendida, primero contra la intervención y el imperio, en seguida como necesidad política, para imponer el progreso desde arriba a una población paupérrima, antigua, tradicionalista, *invisible*.

La república liberal tenía, por todo ello, que ser tan centralizadora como su contrapartida conservadora.

Lo que Juárez sí logró crear —es otro de sus múltiples méritos, acaso el mayor de todos— fue un

Estado donde antes había un vacío. Porfirio Díaz aprovechó magistralmente la existencia del Estado juarista para darle un contenido autoritario, desarrollista, despótico, que empezó por proteger los intereses de las clases medias, pero terminó enajenado a los intereses económicos extranjeros. Éstos tenían escaso interés en el desarrollo social de México aunque muchísimo en obtener ganancias rápidas de la explotación de materia prima y mano de obra barata.

Díaz terminó por presentarse como testaferro de estos intereses, reprimiendo a las nuevas fuerzas sociales nacidas de las revoluciones decimonónicas —empresarios locales, incipiente clase obrera, intelectuales, pero también clase campesina tradicionalista—: Río Blanco, Cananea, las cárceles de Ulúa, las campañas del Yaqui y el Mayo, Valle Nacional: el México Bárbaro. O, como lo definió Francisco Bulnes, el caos congelado.

Cuando el caos se derritió, su nombre fue la revolución.

El compromiso revolucionario

La Revolución mexicana fue un intento —el mayor de nuestra historia— de reconocer la totalidad cultural de México, ninguna de cuyas partes era sacrificable.

Las grandes cabalgatas de los hombres de Pancho Villa desde el norte y de los guerrilleros de Emiliano Zapata desde el sur rompieron las barreras del aislamiento tradicional —indígena y colonial— entre mexicanos.

Ahora, el movimiento revolucionario de todos los mexicanos, a lo largo y ancho del país, funda un nuevo tiempo, el tiempo del reconocimiento mutuo, la aceptación de todo lo que hemos sido, el valor otorgado a todas y cada una de las aportaciones que hacen, de México, una nación multicultural en un mundo, a su vez, cada vez más variado y pluralista.

No nos engañemos: la Revolución mexicana fue una revolución verdadera, tan profunda y decisiva para los destinos de nuestro país como lo fueron las revoluciones francesa, soviética y china, o la norteamericana en sus dos etapas (Washington en el siglo 18, Lincoln en el siglo 19) para los suyos.

La Revolución mexicana, en las palabras del historiador Enrique Florescano, "no es una ilusión ideológica de cambio, es un cambio real que revoluciona al Estado, desplaza violentamente a la antigua oligarquía dominante, promueve el ascenso de nuevos actores políticos, e instaura un nuevo tiempo, el tiempo de la revolución..."

Ese tiempo revolucionario nace de una nueva herida: un millón de muertos en diez años de encarnizados combates; una incalculable destrucción de riqueza...

Muchas de estas heridas cicatrizan gracias al logro mayor de la Revolución: el proceso de autoconocimiento nacional, el descubrimiento de una continuidad cultural que ha sobrevivido a todos los avatares de la historia, pero que aún no se refleja plenamente en las instituciones políticas y económicas del país.

Es en la cultura donde la revolución encarna: pensamiento, pintura, literatura, música, cine... Pues revolución que acalla las voces de la creación y de la crítica, es revolución muerta.

La Revolución mexicana, con todos sus defectos, no silenció a sus artistas: México entendió que la crítica es un acto de amor, y el silencio una condena de muerte.

Somos lo que somos gracias al autodescubrimiento de los años de la revolución.

Somos lo que somos gracias a la filosofía de José Vasconcelos, a la prosa de Alfonso Reyes, a las novelas de Mariano Azuela, a la poesía de Ramón López Velarde, a la música de Carlos Chávez, a la pintura de Orozco, Siqueiros, Diego Rivera y Frida Kahlo...

Nunca más podremos ocultar nuestros rostros indígenas, mestizos, europeos: son todos nuestros.

El espejo de Quetzalcóatl se llenó de caras: las nuestras.

El tiempo de la revolución establece, sin embargo, un compromiso indiscutible.

En esencia, es éste: organicemos al país devastado por la anarquía y la guerra.

Creemos instituciones, creemos riqueza, creemos progreso, educación, salud, y un mínimo de justicia social.

Pero, a fuer de buenos escolásticos, mantengamos la unidad, contra la reacción interna, contra las presiones norteamericanas, para lograr las metas de la Revolución: alcancemos el bien común tomista, gracias a la intercesión de la jerarquía agustiniana.

La gracia divina —es decir, la democracia— no la alcanzan los fieles —es decir, los ciudadanos— por sí solos.

Evitemos las dictaduras militares, las permanencias prolongadas en el poder, los factores del desequilibrio latinoamericano. El ejército se vuelve institucional, la presidencia también: todo el poder para César, pero sólo por seis años, nunca más. No reelección, como lo pidió Madero al iniciar la Revolución en 1910. Pero Madero también pidió sufragio efectivo. Y éste, pleno, transparente, creíble, luchamos por alcanzarlo. Estamos luchando por alcanzarlo. No nos rendiremos hasta alcanzarlo.

Cómo funcionó el compromiso

La Revolución, primero épica de la sociedad contra la tiranía, en seguida tragedia de la Revolución contra sí misma, desembocó en un compromiso que trató de equilibrar a las fuerzas en pugna. Se trató, en realidad, de concesiones que la facción carrancista, y luego obregonista, triunfantes, le hicieron a la facción zapatista y villista, derrotadas, aunque muchos de los principios acordados en favor de éstas ya estaban incluidos en los programas de Carranza.

La Revolución comprometida reconoció los derechos de las comunidades agrarias y le otorgó a la clase obrera protección constitucional.

Detrás de estas excepciones extraordinarias al liberalismo clásico, sea en la versión purista de Juárez o en la pervertida de Díaz, se encontraba, sin embargo, un homenaje a la tradición filosófica católica —al mismo tiempo que se perseguía a su iglesia. La revolución secularizó a Santo Tomás y le concedió al Estado nacional los atributos escolásticos de la teología del bien común mediante la unidad nacional en contra de la reacción interna; en contra de los hacendados que le daban la bienvenida a los maestros vasconcelistas cortándoles orejas y narices; en contra de las compañías extranjeras que alquilaban guardias blancas para liquidar a los obreros sindicalistas; en contra de las constantes presiones de los gobiernos de los E.U.

Igualmente interiorizada en la conciencia de la Revolución, la heredad romana se impuso de manera práctica. Qué bueno que existan leyes escritas que, públicamente, declaran los ideales, así como las legitimaciones, revolucionarios. Pero un gobierno tiene que habérselas no sólo con el país legal, sino con el país real: educarlo, comunicarlo, financiarlo, pero también formarlo políticamente. La Ley Triboniana no escrita de los Césares mexicanos fue muy parecida a la de César Augusto: creemos una poderosa burocracia oficial, patrocinemos organizaciones tanto empresariales como populares, y manipulémoslas a favor de nuestro propio poder político.

No estoy diciendo que el Partido Revolucionario Institucional fue fundado por el matrimonio *non sancto* de César Augusto y Santo Tomás. Sin embargo, su permanencia, sus logros, y finalmente, sus fracasos, son consonantes con el hecho de que un partido político, sirviente, casi indistinguible del Estado, fue más allá de las dos tradiciones en pugna de la historia mexicana y creó una síntesis suprema de nuestra cultura política: liberal y conservadora, cristiana pero laica, revolucionaria aunque reformista, tradicionalista a fuer de modernizante, intervencionalista y *laissez-fairista* a la vez: un eclecticismo tan contradictorio, aunque fascinante, como la imagen de la Virgen de Guadalupe adornando los sombreros de las guerrillas zapatistas en el acto de invadir, con propósitos nada sagrados, las iglesias rurales.

Sin embargo, algo a lo que, a pesar de toda su capacidad sintética, el partido de la revolución nunca renunció, fue el centralismo, la dominación de la vida política del centro hacia la periferia y de la cima a la sima.

El PRI fue fundado primero como el Partido Nacional Revolucionario (PNR) por el llamado jefe máximo, Plutarco Elías Calles, en 1929, a fin de superar el faccionalismo militar que dividía a México y convertía a cada elección en una fiesta de las balas, sustituyendo, según las palabras de Calles, a los individuos con las instituciones.

Fue Lázaro Cárdenas, presidente entre 1934 y 1940, quien le dio su verdadera forma y contenido al sistema. Cárdenas organizó a todas las fuerzas que habían contribuido a la Revolución —campesinos, obreros, clases medias— en corporaciones dentro del Partido. No fue un gesto banal. Lo acompañaron actos revolucionarios que afianzaron las alianzas de las clases sociales con el Estado y su partido y, a través de ellos, con la nación, sus metas, su independencia y bienestar.

La reforma agraria no sólo les dio tierras a las comunidades; multiplicó, al principio, la producción, y liberó al campesino de su inmemorial esclavitud a la hacienda y el latifundio, arrojándolo a un remolino que aún no termina: millones de campesinos desarraigados habrían de emigrar a las ciudades para ofrecerle trabajo barato a la industrialización naciente, o para convertirse en subproletarios a la deriva en las ciudades perdidas de las periferias metropolitanas. Millones más habrían de emigrar al norte, a los E.U. y Canadá, y aún más, tres millones de campesinos, cada año, habrían de pasar de la agricultura de subsistencia a la agricultura para la exportación.

La nacionalización del petróleo en 1938, la creación de una infraestructura nacional (salud, educación, comunicaciones, agencias de financiamiento estatal), la protección a los sindicatos oficiales, el crecimiento de la industria y de un proletariado industrial abundante y mal pagado, las exenciones fiscales y un mercado cautivo, aislado de la competencia externa, y, después de la segunda guerra mundial, hábil en el manejo de la sustitución de importaciones, crearon una clase empresarial que, por más que criticase la retórica de la Revolución, se aprovechó sin miramientos de sus políticas.

Pero lo mismo ocurrió con las demás clases durante el cardenismo, y ésta es la gran diferencia entre don Lázaro y sus sucesores. Cárdenas sentó las bases para el crecimiento anual de 6 por ciento que México sostuvo entre 1940 y 1980. Construyó la casa que luego pasó a habitar la burguesía mexicana. Junto con el Producto Nacional Bruto, crecieron los salarios reales y el poder adquisitivo de toda la sociedad. Aunque las clases medias y superiores fueron favorecidas, las clases trabajadoras y los campesinos recibieron una parte mayor del ingreso nacional que nunca, antes o después. El crecimiento con justicia social: este ideal se logró bajo Cárdenas, pero no el otro elemento de la *troika*: la democracia política. Pues junto con el desarrollo y la justicia, Cárdenas legó un sistema político *sui generis* cuyas piezas centrales eran el Presidente y el Partido, ambos al servicio de un Estado nacional que al cabo —esperábamos— fortalecería a México, salvándolo de la anarquía interna y de la presión externa, haciendo posible que el país se impusiera sus propias metas independientes. Para lograrlo, Cárdenas, a la vez, se impuso a sí mismo ciertos fines y ciertos límites.

Calles fundó el Partido y se estableció a sí mismo como el jefe máximo, prolongando su poder como el rey detrás del trono más allá de su propia presidencia no reelegible. Cárdenas, escogido por Calles igual que Ortiz Rubio y Abelardo Rodríguez, expulsó sin mayor ceremonia al jefe máximo, que abordó un avión rumbo a Los Ángeles vestido con su pijama y con un ejemplar de *Mein Kampf* bajo el brazo. Cárdenas procedió entonces a establecer las nuevas condiciones de la presidencia mexicana: todo el poder para César, pero sólo durante un periodo no renovable de seis años. César no podría sucederse a sí mismo, pero tenía el derecho —como Augusto— de designar a su sucesor. El Delfín así escogido, dado el poder del Partido sobre el sistema electoral, fatalmente sería el nuevo César y ejercería sus plenos poderes durante seis años solamente, respetando la regla de la no reelección y designando a su propio sucesor. *And so on, ad infinitum.*

Durante cinco décadas, el esquema funcionó. El descontento nacional lo expresaban candidatos disidentes: José Vasconcelos en los años treinta, Juan Andrew Almazán y Ezequiel Padilla en los cuarenta, Miguel Henríquez Guzmán en los cincuenta. Pero, fundamentalmente, el Partido no permitió que se destejiera su loca tela de Penélope, adicionando éxitos aun cuando los fracasos empezaban a asomar.

El éxito mayor fue la estabilidad política y la paz social. Mientras la América Latina zigzagueaba entre la dictadura y la anarquía y la democracia transitoria era derrocada una y otra vez por el poder castrense, México mantuvo la continuidad constitucional y el desarrollo económico.

("¿Cuál es su deseo mayor como presidente de la Argentina?", le pregunté a Raúl Alfonsín en Buenos Aires. "Concluir mi mandato en la fecha constitucional", me contestó el presidente. "¿Cuándo fue la última vez que eso ocurrió aquí?", insistí. "Ya no recuerdo —dijo Alfonsín—. ¿Hace cincuenta, sesenta, años? ¿El general Justo? o ¿Roberto Ortiz?". "En México hemos tenido, desde 1934, nueve sucesiones puntuales". Alfonsín no logró su meta: renunció a la presidencia semanas antes de la fecha constitucional.)

En un escenario nacional de composición heterogénea —racial, cultural, geográfica, económica— México logró lo que Argentina, a pesar de su homogeneidad, no pudo. Acaso las contradicciones y la variedad mismas de la experiencia mexicana nos obligaron a buscar la síntesis y la estabilidad. Acaso esto era lo que el país, después de veinte años de guerra civil y un millón de muertos, quería.

El hecho es que, durante un largo tiempo, y gracias a las transformaciones revolucionarias que señala Florescano, México fue capaz de sostener el crecimiento, crear una infraestructura moderna, comunicar a un inmenso país incomunicado, liberar fuerzas sociales encadenadas durante siglos, efectuar una vasta transferencia de propiedad, motivar un gran movimiento de poblaciones, crear clases sociales modernas gracias a las iniciativas del Estado, educar a una gigantesca masa de iletrados y alentar la aparición de una nueva y enérgica república de ciudadanos urbanos y de clase media y proletaria.

Pero éste, el éxito mayor del sistema, pronto se volvió contra el sistema, a medida que las limitaciones del mismo, la usura del tiempo y la autocomplacencia de los gobernantes, propició el declive de lo que, sin asomo de cinismo, llegó a llamarse "el milagro mexicano".

La ruptura del compromiso

¿Por qué entró en crisis el compromiso revolucionario? ¿Por qué la crisis de un sistema de probado éxito, en términos latinoamericanos, que durante seis décadas ofreció estabilidad política y crecimiento económico a cambio de poderes prácticamente ilimitados?

Entre 1920 y 1940, los tres grandes presidentes de la Revolución mexicana, Álvaro Obregón, Plutarco Elías Calles y Lázaro Cárdenas, condujeron, con inteligencia y energía, la transición del viejo país rural, iletrado, incomunicado, semicolonial, al país en desarrollo, conflictivo, liberado y perpetuamente en ciernes de modernidad. La reforma agraria independizó a millones de campesinos secularmente atados al latifundio. Les dio libertad de movimiento; muchos emigraron a las ciudades y allí se convirtieron en obreros. La industrialización mexicana fue activada por la intervención del Estado, la nacionalización del petróleo y la creación de infraestructura. Y sobre todo, la educación extendida a millones de iletrados dio al país una fisonomía nueva, crítica, consciente de la historia y la cultura propias.

Lázaro Cárdenas culminó este proceso con un magnífico intento de conciliar el desarrollo económico, las libertades individuales y la justicia social. Sus sucesores, entre 1940 y el presente, pusieron, los más, el acento en el desarrollo por el desarrollo, regido parejamente por el Estado y su partido revolucionario institucional, con la entusiasta colaboración de una clase capitalista nacida del cambio revolucionario. Algunos débiles intentos reformistas no bastaron para evitar que se congelara un sistema que dividía al país en dos: la nación modernizadora relativamente próspera y satisfecha de su milagro mexicano y la segunda nación, pobre, aislada y cuyo milagro, como en el poema de Ramón López Velarde, era el de la pura lotería: vivir al día.

¿Qué hacía falta para acelerar el ingreso al sistema de los olvidados, los rezagados, los acreedores sociales del propio sistema? La condición de la política paternalista que acabo de describir era simple aunque onerosa: El Estado y el Partido controlarían, para bien de todos, los mecanismos políticos nacionales. La falta de *checks and balances*, límites y contrapesos, y de *accountability*, la obligación de rendir cuentas: cuando los beneficios del sistema comenzaron a transformarse en las pérdidas del sistema, cuando las fuerzas originalmente liberadoras se agotaron convirtiéndose, a su vez, en fuerzas de injusticia y enajenación, el sistema continuó como si nada, celebrándose a sí mismo e insistiendo en aplicar las fórmulas erosionadas del éxito a una nueva situación que las rechazaba.

Las cuarteaduras y tensiones aparecieron en todas las paredes del sistema. La alianza con el campesinado, con la clase obrera y con la comunidad empresarial perdieron suelo y perdieron techo a medida que el sistema centralista se mostró cada vez menos capaz de satisfacer las exigencias en aumento de los grupos sociales: ruptura del frente obrero con Ruiz Cortines y los movimientos independientes de Galván, Vallejo y Othón Salazar; ruptura acentuada del frente obrero y del campesino con López Mateos y la muerte de Rubén Jaramillo; ruptura del frente juvenil de clase media con Díaz Ordaz y la matanza de Tlatelolco; ruptura del frente empresarial con Luis Echeverría y la ola de secuestros y asesinatos de poderosos capitalistas; ruptura, en fin, de la ilusión misma del progreso con López Portillo y la bancarrota de 1982.

Lo paradójico de la situación es que, en muchos casos, las soluciones exitosas de ayer crearon los urgentes problemas de hoy. El éxito de los programas de salud pública, por ejemplo, dio origen a un explosivo problema demográfico: la población de veinte millones en 1940, lo será de cien millones en el año 2000, y la ciudad de México, hoy, tiene tantos habitantes como el país entero en 1940.

Una agricultura comercial exitosa ha empobrecido a los minifundistas rurales, confirmando la aseveración de John Kenneth Galbraith: cuando el equilibrio de la pobreza perdura, no basta la distribución de la tierra para romperlo: las mejorías tienden a ser absorbidas por las fuerzas que restablecen el acomodo de la miseria. La dinámica social de la reforma agraria inundó los centros urbanos con trabajadores migratorios que, a su vez, destruyeron el frágil equilibrio entre mano de obra barata, sindicatos oficialistas, servicios subsidiados y precios estables, por un lado, y un mercado cautivo, ganancias crecientes y creciente concentración de la riqueza para las clases altas por el otro. Roto el equilibrio, ganaron éstas, perdieron aquéllos.

La educación y la vida intelectual dieron aún más relieve a la percepción de que algo andaba mal, de que existía una seria contradicción entre lo que se enseñaba en las escuelas —desarrollo con justicia y democracia— y lo que sucedía en la práctica —desarrollo sin justicia ni democracia—. Seguíamos siendo, a pesar de todo, dos naciones.

Entre ambas naciones, surgida de la primera, dolida de la segunda, una sociedad civil naciente, cada vez más fuerte, más educada, más crítica, más diversificada, comenzaba a manifestarse. Lo hizo, sorpresiva y acaso caóticamente, en 1968. El gobierno de Gustavo Díaz Ordaz, autocomplacido y autoritario, no entendió lo que ocurría. Contestó al desafío social con la fuerza armada. La Noche de Tlatelolco, el 2 de octubre de 1968, es el parteaguas de la conciencia contemporánea de México.

Veinte años después, la sociedad civil había aprendido a actuar políticamente. Los desastres de la economía —el *boom* petrolero seguido del *bust* de la deuda externa—había acercado a la sociedad civil a la segunda nación. Inflación con desempleo, pérdida del poder adquisitivo y pérdida, sobre todo, de las ilusiones: el descenso generalizado del nivel de vida como resultado de la expansión económica más acelerada que el país haya conocido (durante el sexenio de José López Portillo entró a México un número mayor de divisas que en los ciento cincuenta y siete previos años de Independencia) llevó la crisis de la conciencia a la crisis de la cartera. Entre ambas, la crisis política se configuró a través de las elecciones del 6 de julio de 1988 —segundo parteaguas— que, más allá de las vicisitudes inmediatas, reveló la existencia de un país inédito, para el cual las fórmulas consagradas por la regencia prolongada del PRI, ya no surtían efecto.

Cuando la crisis económica puso término, en 1982, a la expansión, el contrato se rompió y otra razón favorable al cambio, aún más profunda, emergió. Fuerzas sociales modernas habían aparecido, a todos los niveles de la vida mexicana: clases medias, burocracias, tecnocracias, grupos estudiantiles, intelectuales, mujeres y, acaso, grupos jóvenes y renovadores en el ejército y el clero. (De esto último se sabe poco en México.)

Esta nueva sociedad no fue dictada desde arriba. Vino de abajo, como un resultado de la educación y del mejoramiento económico y social. Y no irradió desde el centro omnipoderoso, la ciudad de México, y de su cabeza, el señor Presidente. Se desplazó, más bien, desde los niveles locales, estatales y municipales, desde los estados norteños de la tradición liberal mexicana, pero también desde los estados del Golfo, donde las influencias del radicalismo europeo han entrado, tradicionalmente, a México. Pero el país no sólo se movió desde los múltiples centros de una transformación favorable, sino desde los abismos de las zonas centrales y sureñas donde un desarrollo desequilibrado, altamente favorable a la alianza entre la burocracia y una clase empresarial sobreprotegida, era resentido por su fracaso en aunar el crecimiento económico con la justicia social: Chiapas, en enero de 1994, lo comprobó. Todos estos factores convergieron durante los años de aplastante deuda externa y descendientes niveles de vida popular.

La presidencia de Carlos Salinas de Gortari (1988-1994) se inició con varios actos espectaculares, como la decapitación del líder sindical petrolero Hernández Galicia y continuó con la reforma macroeconómica, la estabilización de una economía que había tocado fondo, el fin de la inflación, la apertura de la economía al mundo, la aprobación del Tratado de Libre Comercio con los E.U. y Canadá, la hábil campaña de Solidaridad que le permitió al presidente salir al país y conocerlo, distribuyendo esperanza y seduciendo voluntades. Los éxitos de Salinas no alcanzaron a ocultar algunos hechos reacios a la evaporación triunfalista: la economía no se desarrolló, pese a las reformas, al nivel alcanzado por países como Chile (donde hubo reformas comparables a las de Salinas) o Brasil (donde no las hubo, pero la economía creció de todos modos). La deuda social se acrecentó: disminuirla sigue siendo imperativo de cualquier gobierno mexicano que desee, al fin, conciliar crecimiento y justicia. Las maniobras políticas del presidente debilitaron al PRI; la oposición se debilitó a sí misma. Llegamos al 94 con partidos en crisis, diecisiete gobernadores interinos, y una imprecisa nube en torno a la que peyorativamente se llamó "concertacesión" pero que, positivamente, podría llegar a llamarse negociación y diálogo.

Las reformas salinistas serán debatidas largo rato: no todos están de acuerdo con ciertas modalidades de la privatización, con el retorno de la iglesia católica a la escena política, con la reforma del artículo 27 Constitucional y el destino de la cultura agraria de México.

Con todo, Carlos Salinas llegó satisfecho al día de San Silvestre de 1993. Entonces, todo cambió. Entramos al 94, nuestro año de vivir en peligro: a este año le dedico un diario en este mismo volumen.

Recordando el futuro

Detrás de estos hechos perviven otros que los sobrevivirán.

La crisis del 94 demostró que las tradiciones autoritarias, de origen azteca y español, subsistían en gran medida, junto con sus legitimaciones populares y sus racionalizaciones escolásticas. Salinas de Gortari estabilizó la economía, aprovechando los años de disciplina monacal de Miguel de la Madrid. Pero la reforma democrática no corrió al parejo de la reforma económica, sino al cuarto para las doce, cuando, quizás, otros factores ocultos, bárbaros, nacidos de la parte más negativa de la modernización aliada a la parte más negativa de la tradición, hicieron patente su simbiosis corrupta y criminal: terrorismo y narcotráfico, narcotráfico y gobierno.

Queda, sin embargo, un hecho profundo, central, positivo, y es la realidad misma de una sociedad mexicana nueva, democrática asediada por la mala fortuna pero heredera, también, de la capacidad de resistencia prodigiosa de un país que parece sobrevivir a todo, así el terremoto como la mutilación, así el crimen como la corrupción. Maravilloso país de gente tierna y laboriosa, inteligente y modesta, hospitalaria y secreta, aunque a veces, también, colérica y sentimental, orgullosa y resentida.

Carlos Monsiváis nos pide no exceder nuestra confianza en la sociedad civil, pero tampoco minimizarla. Dentro de estos parámetros, se puede ir más allá de los traumas del año 94 (prácticamente anunciados, debo añadir, en mi novela *Cristóbal Nonato*, con algunas exageraciones narrativas: la literatura fantástica latinoamericana tiene un problema y es que se vuelve literatura realista en unos cuantos años.) Se puede y se debe ir, ni más ni menos, a la sociedad cuya actividad futura es incomprensible sin la unión de una agenda dispersa aún: democracia política con justicia social y desarrollo económico; pasado vivo para no tener un futuro muerto.

¿Se pueden posponer las exigencias de las comunidades campesinas, de los obreros industriales, de las clases medias urbanas? Pasará el factor miedo, el cambio equiparado a la violencia y la violencia equiparada al vacío de poder, pero permanecerán las realidades sociales del país, la legitimidad de las demandas y el derecho a contar con democracia en las urnas, justicia en los tribunales, seguridad en las calles y en el hogar, información veraz en los medios.

Está muy bien que una nueva clase empresarial desee competir internacionalmente y acepte el hecho de la interdependencia. Pero la modernización empresarial será tan coja como el viejo dictador Santa Anna, y acabará entregando tanto como él, si desdeña la situación de miles de pequeñas comunidades y de pequeñas empresas que siguen constituyendo la espina dorsal de México.

El México rural moderno lucha por aumentar la producción, pero también por aumentar la democracia. Invisible a veces, siempre luchando cuesta arriba, reprimido a veces, su historia escriturada en la violencia pero radicada en el autogobierno, capacidad comprobada pero perennemente negada al municipio, la aldea mexicana se mueve más allá de Zapata para decirnos a todos: no habrá salud en el resto de México si no la hay en el suelo mismo de México.

Movimientos indígenas, uniones de crédito rural, asociaciones de interés colectivo, ligas de producción comunitaria: éstas son las formas de acción que pueden impedir, unidas al ejercicio de las libertades municipales, nuevos estallidos como el de Chiapas. Quizás

77

ha terminado la época de la redistribución de tierras (los campesinos chiapanecos dirían lo contrario) pero ha llegado la época de la organización descentralizada de la producción, con garantías legales. Los ejidos más exitosos del norte han sabido usar el crédito y organizar la producción, permitiendo a los trabajadores negociar, fuera del estrangulamiento corporativo, con el Estado y con la competencia comercial.

Tienen un secreto: retienen sus ganancias y las emplean efectivamente. Además, las asociaciones rurales comparten buen número de valores: son cohesivas, saben discutir democráticamente, saben luchar contra el autoritarismo estatal y los caciques, cuentan con buenos consejeros legales. Su oxígeno es mayor en las zonas de producción más ricas, no en las más pobres —y éstas siguen siendo, por desgracia, la mayoría.

¿Podemos esperar que este mismo movimiento descentralizador, autodeterminante, gane fuerza en los sindicatos, en las organizaciones de los marginados urbanos, en las clases medias, profesionales, empresariales, intelectuales, burocráticas? La sociedad civil mexicana parece moverse entre dos extremos: el de la modestia interna, intentando reconciliar el cambio con la tradición, aumentando la producción y ejerciendo la democracia desde abajo, y el de la competitividad internacional desde arriba, donde la imposibilidad de vivir aisladamente se ha convertido, no en un defecto, sino en una virtud y en una responsabilidad.

Los problemas de caja, en las palabras de Gabriel Zaíd, parecen haber sido resueltos: inflación controlada, presupuesto equilibrado, reservas importantes, paridades controlables. Pero el cuadro mayor de nuestra economía no es bueno: 25 personas ricas controlan mayores ingresos que 25 millones de mexicanos pobres. No hubo crecimiento económico en 1994. La población ha vuelto a aumentar más que la producción. El sector manufacturero disminuyó en 1.5 por ciento, la industria textil en 7.4 por ciento, la industria editorial en 6.4 por ciento, la maderera en 10 por ciento. El crecimiento de los sectores agrícola y de servicios fue mínimo: menos del 1.8 por ciento. Y el costo de modernizar la infraestructura y de uniformar las normas para competir en el TLC, no será menor a los 23 mil millones de dólares en los próximos cinco años.

Es un retrato parcial pero ominoso, ennegrecido por lo que parece ser el desafío del narcoterrorismo. ¿Volveremos, en este caso, a nuestro dilema secular: ser *dos naciones*, la nación moderna pero culpable de practicar un capitalismo arcaico, salvaje, concentrando la riqueza en una minoría, esperando el milagro imposible de un goteo de riqueza hacia la segunda nación, cruelmente excluida, paciente a veces, temerosa otras, rebelde también...?

La acción democrática desde abajo y la justicia económica desde arriba pueden aún ser las fuentes para una democracia social mexicana en la que el Estado, el indispensable Estado creado con tantos sacrificios, sea limitado por pesos y contrapesos, división de poderes, justicia expedita, y sin embargo, retenga iniciativas que, vigiladas democráticamente, fortalezcan al Estado en vez de debilitarlo: la debilidad de los estados latinoamericanos, ha explicado Ludolfo Paramio, se debe precisamente a una sobrextensión determinada por los excesos en las demandas sectoriales —obreros, campesinos, empresarios, ejército, burocracia, acreedores extranjeros— que el Estado, al cabo, no puede satisfacer. El Cono Sur se rindió, por ello, a la dictadura militar: Pinochet y Videla no tuvieron miramientos para sacrificar las demandas sociales. México, acosado por la deuda externa, ha debido hacer concesiones a los acreedores, pero ha mantenido zonas de soberanía importantes. Hay que fortalecerlas, no administrando empresas quebradas, no invirtiendo ridículamente en cabarets y refrescos, sino equilibrando las facultades del sector privado —empresa, empleo, productividad, inversión, comercialización— con las del sector público —infraestructura, recursos humanos, investigación y desarrollo técnicos, relaciones exteriores, defensa, educación, alimentación, política monetaria—. ¿Cómo? Mediante el desarrollo del sector social, fiel de la balanza: organizaciones no gubernamentales, movimientos de las mujeres y de la tercera edad, cooperativas rurales, sindicatos, organizaciones voluntarias, barrios, iglesias, intelectuales, medios, universidades...

Tiene razón Héctor Aguilar Camín: Quien sepa organizar la nueva relación entre la sociedad y el Estado sobre bases democráticas, habrá encontrado la clave para organizar a México durante el siglo XXI.

El país, como en 1857 con Juárez, como entre 1920 y 1940 con Obregón, Calles y Cárdenas, tendrá que encontrar un acuerdo mayor que sume fuerzas, extienda beneficios, identifique aspiraciones y provoque entusiasmos. Nada de esto se logrará con un gobierno estrecho, tecnocrático, carente de visión. Pocas veces ha exigido México mayor grandeza a quienes lo gobiernan. Pocas veces, también, ha tenido menos ilusiones de que esos hombres alcancen el tamaño de la esperanza.

NACIONALISMO, INTEGRACIÓN Y CULTURA

La herida mexicana

Existe una tendencia generalizada a emplear el término *nación* como si fuese una palabra antigua, consagrada, indudable. Ello dice mucho sobre la fuerza legítimamente de este vocablo y de su derivado, el nacionalismo. Todos los teóricos contemporáneos del tema —Isaiah Berlin, Ernest Gellner, Eric Hobsbawn— nos advierten, sin embargo, que *nación* y *nacionalismo* son dos expresiones muy recientes, inexistentes e inconcebibles en el mundo antiguo o en la Edad Media.

Nacionalismo y nación son términos de la modernidad. Aparecen para darle justificación ideológica y legitimación política a ciertas ideas de unidad —territorial, política y cultural— necesarias para la integración de los nuevos estados europeos surgidos del Renacimiento, la expansión colonial y las guerras de religión. De la necesidad surgió la ideología nacionalista, y de ésta, la nación misma. Ernest Gellner advierte que el nacionalismo hizo a las *naciones*, y no al revés. El nacionalismo tomó culturas preexistentes y las convirtió en naciones. Es la cultura lo que precede a la nación, y la cultura puede organizarse de muchas maneras: como clan, tribu, familia, sociedad, reino...

"¿Qué es una nación?", se preguntó hace un siglo, en una famosa conferencia en la Sorbona, Ernest

Renan. Y contestó: "Es un plebiscito cotidiano". Es decir: es una adhesión día a día a una cierta unidad territorial, política y cultural, una suma de valores que informan, y justifican, las ideas de *nación* y *nacionalismo*.

Pero ¿qué es lo que provoca la aparición misma de esas naciones? Émile Durkheim habla de la pérdida de viejos centros de identificación y de adhesión —precisamente los que acabo de mencionar: clan, tribu, familia, etcétera— y de la necesidad imperiosa, cuando esto ocurre, de crear nuevos centros que los sustituyan. Isaiah Berlin añade que todo nacionalismo es respuesta a una herida infligida a la sociedad.

En gran medida, el nacionalismo mexicano responde a estas ideas. Nace para sustituir lazos perdidos o imponerse a lazos antiguos que la modernidad considera arcaicos. Nace, en consecuencia, como parte de un proyecto de modernidad, a fin de darle cohesión y velocidad. Y nace, siguiendo a Berlin, para dar respuesta a heridas infligidas a la sociedad.

Pérdidas

Si aplicamos las ideas de Durkheim y de Berlin a la historia de las sociedades mexicanas, podemos observar varias pérdidas del centro de adhesión. La primera es la del centro de adhesión indígena. Más que de las estructuras políticas aztecas, ésta fue la pérdida del mundo religioso, de la cosmovisión irreparablemente dañada por la conquista española.

La respuesta a esta herida fue asimismo religiosa y cultural más que política. Importaron menos, para crear nuevas identificaciones en la sociedad, las endebles leyes políticas que la nueva adhesión religiosa promovida por la aparición de una cultura cristiana fortalecida por la asimilación sincrética del mundo antiguo mexicano.

La segunda pérdida es la de la falsa nación independiente, prolongación política del colonialismo. Entre

1821 y 1854 subsisten las relaciones socioeconómicas coloniales, pero desprovistas de las justificaciones religiosas. La legitimación sustitutiva —la independencia, la República, la legalidad, la unidad territorial— es despedazada por la victoria norteamericana de 1847. La República de Santa Anna no es capaz de defender la idea de nación exaltada por su siervo, Morelos. El segundo golpe no tarda en llegar: la invasión francesa y el Imperio. Juárez le devuelve el sentido a la nación y al Estado. El liberalismo rechaza, en cambio, la legitimación religiosa. La sustituye por la legitimación política y económica. Ésta se llama la democracia. Identificada con la nación y el Estado, la democracia sería un valor de unidad superior a la diversidad cultural (indígena, española, católica, sincrética, barroca...). La experiencia no nos es privativa. En toda la América Latina, la *civilización* urbana, europea, progresista, legalista y romántica se debía imponer a la *barbarie* agraria, indígena, negra, ibérica, católica y escolástica. La condición era la libertad política, es decir, la democracia.

Porfirio Díaz quiso darnos civilización sin democracia. A los indios y a los campesinos (pero también a la naciente clase obrera) les dio más barbarie. En cambio, el factor económico de la ecuación liberal fue protegido y desarrollado sin libertad. El país terminó por rechazar esta fórmula, así como la discriminación cultural que identificaba civilización con Europa, raza blanca, positivismo.

La Revolución mexicana fue un intento —el mayor de nuestra historia— de reconocer la totalidad cultural de México, ninguna de cuyas partes era sacrificable. Cuando quiso, por ejemplo, sacrificar la dimensión religiosa, el Estado revolucionario no lo logró. En cambio, con suma habilidad, manejó las formas y los contenidos de la justicia social como promesa gradual, pero también como concreción fehaciente, de una dominación nacional.

La más reciente herida mexicana se abrió el 2 de octubre de 1968 en Tlatelolco. Las legitimaciones de los 50 años anteriores se vinieron abajo. El asesinato vil de la juventud por el gobierno, la falta de soluciones políticas para problemas políticos, la vacuidad del desarrollo económico sin democracia política o justicia social, iniciaron un declive que aún no termina. La herida mexicana, desde entonces, se llama falta de democracia con falta de desarrollo. Suplir ambos vacíos, y el orden en que ello debe hacerse, es el problema que se encuentra en el centro del actual debate mexicano.

La herida está abierta. Las adhesiones, quebradas. Las preguntas, allí. ¿Nacionalismo o internacionalismo? ¿Aislacionismo o integración? ¿Democracia política o desarrollo económico?

La encuesta que publicó el primer número de la revista mexicana *Este país* en 1990 no da contestación válida a estas preguntas. Refleja, eso sí, el dolor de la herida abierta. Pero en vez de crear una alternativa de identificación nacida de los problemas mexicanos, la desplazó hacia la peor y más peligrosa de nuestras ilusiones históricas: que otros se ocupen de mis problemas, yo soy incapaz de resolverlos. Esto, en mal teatro, es la solución del *Deus ex machina*: de los cielos desciende sobre la escena un dios que salva al héroe del predicamento en el que se encuentra. El héroe vencido, en este caso, sería México. El dios que baja en su máquina, Estados Unidos de América.

La mayoría de los entrevistados no están muy orgullosos de su nacionalidad, y se sentirían muy a gusto formando parte de un solo país con los E.U., si esto significase una mejor calidad de vida. En cambio, más de un 70 por ciento aún estarían dispuestos a pelear por México (en comparación con un 80 por ciento en Estados Unidos), y en ambos países aún no existen mayorías dispuestas a borrar las fronteras.

Los dos primeros datos —falta de orgullo, disposición a formar un solo país con Estados Unidos— remiten de nuevo a la herida mexicana. Desde 1968, por lo menos, ésta se llama falta de democracia con falta de desarrollo. Mala gestión política y mala gestión económica (aun cuando la gestión sea buena, es vista como mala porque es dolorosa).

Ambos fracasos son atribuibles al Estado nacional mexicano (un Estado nacional que además se identifica con un solo partido político). Y si en el pasado (ya remoto), los éxitos del Estado nacional podían extenderse al PRI, y los de éste a aquél, a partir de 1968 ocurre lo contrario: los vicios del PRI, sus errores, son atribuidos, penosamente, al Estado nacional. El PRI se convierte no sólo en un obstáculo para la democracia sino en un obstáculo para el Estado, y, por ser éste nacional, para la nación misma. En países democráticos, los errores y los aciertos acaban por distribuirse con cierta equidad entre partidos que se alternan en el poder. En México, todos los aciertos y todos los errores son atribuibles a un solo partido, que es Estado, que es nación. Y en los últimos 25 años, los vicios han sofocado abrumadoramente a las virtudes.

A lo largo de este proceso, sin embargo, no se le puede atribuir al nacionalismo mexicano, ni a su producto, la nación mexicana, el carácter agresivo de los nacionalismos europeos o japonés entre la primera y la segunda guerras mundiales. Ni *Ein Volk, ein Reich, ein Fuehrer,* ni *La terre et les morts,* ni *Il sacro egoismo* han sido gritos de guerra de los gobiernos mexicanos. Más modestamente, se ha hablado de *unidad nacional,* con el propósito interno de justificar la hegemonía partido-gobierno, pero también con un propósito externo. Pues el nacionalismo mexicano, o su ausencia, se define en gran medida por la vecindad de otro nacionalismo: el norteamericano.

Estados Unidos ha sido portador de un nacionalismo tan agresivo y autocelebratorio como los de cualquier potencia imperial europea. Pero hasta ahora, el nacionalismo norteamericano, agresivo fuera de sus fronteras, ha mantenido un sistema democrático dentro de ellas. He comparado alguna vez a Estados Unidos con el doctor Jekyll y el mister Hyde de la fábula de Robert Louis Stevenson: *el hombre y la bestia*, la benévola democracia interna, el agresivo monstruo externo.

Dos caras

A veces, los mexicanos hemos visto la cara de mister Hyde: destino manifiesto, gran garrote, diplomacia del dólar. Otras, muchos compatriotas prefieren ver la del doctor Jekyll. Eso sucede hoy como lo refleja la encuesta, y la razón es fundamental, aunque pasiva. Estados Unidos ha tenido éxito en todos los renglones en los que los mexicanos hemos fracasado. Ellos se adaptan a los medios necesarios para lograr la modernidad; nosotros somos incapaces de salir del hoyo arcaico. Ellos son democráticos; nosotros, autoritarios. Ellos son prósperos; nosotros, eternamente pobres. Ellos son eficaces; nosotros inútiles. Vivimos un fracaso nacional lado a lado con el máximo *success story* de la modernidad: el imperio norteamericano democrático, poderoso, rico y libre. ¿Cómo no vamos a ver en la potencia vecina el nuevo centro de identidad que nos proteja y que nos cicatrice, de una vez por todas, la herida nacional? No vemos muy de cerca los defectos de la sociedad norteamericana, las graves fisuras morales, económicas y sociales de su actualidad. Porque, comparados con nuestra pulmonía, los problemas de E.U. nos parecen un catarrito cualquiera.

Siempre ha habido *polkos* en los momentos de crisis en México y su conclusión de sobremesa es siempre la misma: debemos convertirnos en el estado 51 de la Unión Americana. Adiós problemas. Bienvenidos el éxito, la prosperidad, la democracia.

Esta disponibilidad pasiva no merece respeto ni en México ni en Estados Unidos. Y no sólo porque, para los norteamericanos, el que se comporta como un esclavo siempre ha sido tratado como tal, y sólo quien los trata de pie y al tú por tú asegura atención y obtiene resultados. No lo merece porque, sobre todo, desplaza, sin resolverlos, nuestros propios problemas. La contradicción de la encuesta, de ambos lados de la frontera, es ésta: ni Estados Unidos ni México quieren que desaparezca la frontera. Formar un solo país, siempre y cuando esto signifique una mayor calidad de vida, sí; pero borrar fronteras y dejar que entren —o salgan— los problemas irresueltos de México a Estados Unidos, y de Estados Unidos a México, no.

La democracia, centro de identificación

Marx y Engels se cuentan entre los primeros críticos del nacionalismo mexicano. La espectacular derrota de México en la guerra de 1847, movió a los dos pensadores socialistas a celebrar el triunfo de Estados Unidos en nombre del progreso. "Pues, cuando un país perpetuamente embrollado en sus propios conflictos", escribió Engels, "perpetuamente desgarrado por la guerra civil y sin salida para su propio desarrollo..., es arrastrado por la fuerza hacia el progreso; no nos queda más alternativa que considerarlo como un paso adelante". Y concluye su artículo en la *La gaceta alemana* de Bruselas, escrito en 1848: "En beneficio de su propio desarrollo, conviene que México caiga bajo la influencia de Estados Unidos. Nada perderá con ello la evolución de todo el continente americano".

Por supuesto, el júbilo de Engels y de Marx se fundaba en un razonamiento que les era precioso. Sacado a la fuerza de la siesta agraria, México entraría en la era industrial de la mano de Estados Unidos, creando una clase obrera que aceleraría las contradicciones del capitalismo en México y en Estados Unidos, conduciendo al triunfo inevitable de la revolución proletaria.

Marx y Engels detestaban el nacionalismo y veían el futuro de la humanidad en un internacionalismo colectivo y fraternal. Con menos ímpetu fraternal, el tipo de crítica internacionalista y futurizante hoy en boga nos advierte que las economías nacionales han dejado de existir. Vivimos una economía global, bajo el signo de una rápida integración determinada por una nueva división internacional del trabajo. Nadie puede apartarse de este proceso. Ni siquiera la economía más fuerte del mundo, que es la norteamericana. Estados Unidos depende cada vez más de la buena voluntad de las inversiones y depósitos japoneses y europeos. Sin ellos, se vendría abajo la política de gasto deficitario que, desde la guerra de Vietman, sostiene a la economía del Norte.

Anacronismo

Por lo demás, las empresas transnacionales se han convertido en unidades indispensables de la integración global. Ellas son las portadoras de inversiones, información y adelantos tecnológicos. Libre comercio, apertura de mercados, caída de barreras, flujo de capitales (¿y de mano de obra?); los mexicanos no podemos ser *ludditas* anacrónicos, empeñados en mantener estructuras nacionales periclitadas.

Muchas de estas razones son válidas y crean un apremio, visible en el actual gobierno mexicano de Carlos Salinas, por acelerar nuestros procesos de integración. No podemos quedarnos fuera, apartados de la carrera hacia la integración. Nuestras opciones son múltiples y complementarias. Integración con Europa y con la cuenca del Pacífico, sin duda. Y una integración latinoamericana, aún por hacerse, también. Pero obviamente, los ojos se dirigen primero hacia Estados Unidos. Tenemos la ventaja sobre cualquier otro país en desarrollo de compartir la frontera con el mayor mercado mundial. Debemos aprovecharlo.

Pero nuestra ventaja es relativa, desde dos puntos de vista.

El primero tiene que ver con la naturaleza misma de Estados Unidos, que, aunque participante primordial de la economía global, no deja por ello de ser un país nacionalista. ¿Se nos va a pedir que nosotros dejemos de serlo, mientras nuestro poderoso vecino incrementa su propio nacionalismo hasta un grado de peligrosidad que, por qué no, nosotros, los mexicanos, podemos ser los primeros en sufrir?

Aparte de las diversas reservas de tipo técnico y económico, social y cultural, que de buena fe se pueden oponer a un proceso de integración, quiero destacar sólo ésta: Estados Unidos es hoy el país más nacionalista de la Tierra. La victoria en el golfo Pérsico ha eliminado todas las barreras psicológicas creadas por la derrota en Vietman. Antes de Irak, Estados Unidos se saltó el derecho y los organismos internacionales en Nicaragua y Panamá. Ahora han aprendido a manipularlos en su favor. ¿Cómo los usarán mañana? ¿Se respetarán ahora las resoluciones de la ONU en el caso de Israel y los palestinos? ¿Incluye el nuevo orden internacional del presidente Bush el respeto a los derechos políticos creados por nacionalismos menos fuertes que el de Estados Unidos —el nacionalismo mexicano en primer término?

Humanos y petrohumanos

Los largos años de silencio frente a los crímenes de

89

Sadam Hussein, mientras se le pertrechaba con armas, créditos y tecnología nuclear y química, demuestra que en el mundo, según Juan Goytisolo, hay dos tipos de personas. Los seres humanos, por ejemplo, los kurdos asesinados por Sadam: por ellos nadie levanta un dedo. Y los petrohumanos, como los kuwaitíes: por ellos y sus reservas petroleras se movilizan 800 000 efectivos y la fuerza armada más impresionante de toda la historia. ¿Qué seremos los mexicanos en estas nuevas circunstancias: seres humanos dispensables o indispensables petrohumanos?

Quiero recordar, simplemente, que en la nueva situación internacional el trato con Estados Unidos no sólo ofrece oportunidades, sino peligros enormes. La integración económica tiene límites precisos, no es infinita ni conduce a la abolición de fronteras y otros signos aún necesarios de la existencia nacional. En una entrevista con el *Los Angeles Times*, el presidente Carlos Salinas lo deja bien claro: "Las negociaciones para el tipo de acuerdo que buscamos con Estados Unidos no abarcará otro tema que no sea el del comercio. Nuestra autonomía en otras áreas permanecerá intacta". Expresamente, el presidente de México excluye del proceso de integración a las fronteras y los ejércitos.

Pero una segunda advertencia sobre los límites de la integración global es mucho más amplia y rebasa con mucho a México y a Estados Unidos. Porque si, de un lado, se observa un claro proceso de integración económica a escala mundial, de otro lado, se multiplican las revueltas étnicas, los separatismos violentos, los nacionalismos redivivos. Integración de un lado. Balcanización del otro.

No es demasiado tarde, me parece, para tender entre ambos un puente político: el federalismo. Eric Hobsbawn hace notar que el alto grado de devolución impuesto a Alemania e Italia por los aliados de la segunda guerra mundial, ha impedido ese tipo de brotes separatistas (bávaros, sicilianos) en lo que antes fueron regímenes fascistas altamente centralizados. En cambio, de la Unión Soviética a Irlanda, de Canadá a Yugoslavia las pretensiones nacionalistas ponen en jaque no sólo la unidad política nacional, sino a la integración económica mundial.

Éste no es el caso ni de México ni de la América Latina, y creo que debemos entenderlo y potenciarlo en nuestro trato con el resto del mundo. Si la URSS corre el riesgo de desplomarse y fragmentarse, creando vacíos peligrosísimos en todo proyecto de integración global; si Alemania, en cambio, ha elaborado un sistema casi perfecto en el que las *länder* se articulan federalmente con la nación, y ésta con el mundo; México y Latinoamérica tenemos aún esta ventaja: la coincidencia de la cultura con la nación.

El resultado de nuestra experiencia histórica ha sido una cultura contenida dentro de los límites de la nación, pero no por ello monolítica. Dentro de cada unidad nacional latinoamericana, hemos dado cabida a policulturas indígenas, europeas, negras y sobre todo mestizas, mulatas. Pero fuera de los límites nacionales, hemos estado íntimamente ligados a las culturas ibéricas y, a través de ellas, a la del Mediterráneo. Ello ha bastado para relacionarnos también con las otras culturas de este hemisferio —anglosajona, francesa, holandesa— y del resto del mundo sin perder nuestra propia personalidad cultural.

Pero la cultura tiene que tener una correspondencia política que, hasta ahora, se ha llamado la *nación*. Como dije al principio de este ensayo, este concepto no es eterno. De acuerdo con Gellner, de la cultura puede surgir otra relación política que no sea la *nación*. Asediado nuestro nacionalismo por las fuerzas que nos mueven hacia la integración y por la vecindad de otro nacionalismo más poderoso que el nuestro, ¿dónde encontrar el complemento político, la superación cualitativa, que salve tanto a la nación como a su cultura? ¿Cómo crear, dentro de México, centros de identificación y de adhesión que no nos obliguen a buscarlos afuera?

Promesa incumplida

La promesa incumplida de todos nuestros proyectos modernizantes ha sido la democracia. Es tiempo de dárnosla a nosotros mismos, antes de que su ausencia sirva de pretexto para que el nacionalismo norteamericano, democrático e imperial, entre a salvarnos para la libertad. Pero, además, tenemos que reanudar un desarrollo económico que ya no puede privarse de su escudo político, que es la democracia; ni de su escudo social, que es la justicia; ni de su escudo mental, que es la cultura.

Tradicionalmente identificadas la coincidencia de nación, territorio y Estado como unidades correspondientes, la singularidad de la cultura es, paradójicamente, su pluralidad. Nación y territorio, nación y Estado, pueden coincidir unitariamente. Nación y cultura actúan como elemento de adhesión e identificación sólo en la medida en que su variedad es respetada y pueden manifestarse libremente.

Por esta vía nos damos cuenta, precisamente, de que la portadora de la cultura es la sociedad entera, tan pluralista como puede serlo su cultura. Y si la sociedad y la cultura que ella porta son plurales, ¿no debe serlo también la política si, en efecto, ha de representar a la sociedad y a su cultura?

La democracia como centro de identificación, coherente con la cultura y la sociedad, nos permitirá cerrar las heridas por nosotros mismos. Sobre la base de democracia y justicia internas, México podrá moverse con mayor seguridad por el ancho mundo de la integración económica. No busco en el nacionalismo la defensa de la nación. Quizá, en efecto, se trate de nominaciones periclitadas. Pero sí busco la defensa de la sociedad, de la cultura y de quienes hacemos una y otra, como proyectos nacidos de nuestra imaginación y de nuestra voluntad, de nuestra memoria y de nuestro deseo.

TAN LEJOS DE DIOS

*A mis amigos
Adolfo Aguilar Zínser y Jorge Castañeda,
verdaderos patriotas y leales opositores.*

Antes del TLC

Hace poco hice una apuesta con mi amigo, el politólogo mexicano Jorge Castañeda. Si el Tratado de Libre Comercio de Norteamérica (TLC) está aprobado el 1 de enero de 1994, Castañeda me invita a cenar. Si no, yo lo invito a él. De todas maneras, salimos ganando.

Castañeda es un opositor firme del TLC en su estado actual. Yo comparto muchas de sus posiciones críticas, pero creo que el Tratado será aprobado por el simple hecho de que sirve, sobre todo, a los intereses nacionales de los Estados Unidos. Cualquiera creería lo contrario, de escuchar las denuncias del texagogo Ross Perot sobre "el ruido succionante" de empleos estadounidenses huyendo hacia México.

El argumento no es, en rigor, válido. En primer término, los empleos en industrias de trabajo intensivo —las industrias del pasado— van a irse de los E.U. en busca de salarios más bajos, con o sin TLC. Es probable que, con el Tratado, vayan a México y fortalezcan la posición estratégica de los E.U. frente a los dos bloques comerciales rivales, Japón y Europa. Sin el TLC, esos mismos trabajos buscarán destino en Indonesia, China o Malasia, fortaleciendo, en este caso, la posición japonesa. Pero si los salarios bajos fuesen el factor principal para atraer la inversión y el empleo, Bangladesh sería el paraíso del trabajo. No lo es.

México es el socio comercial número dos de los E.U., mundialmente. Tres cuartas partes de cada dólar mexicano destinado a la importación se gasta en traer bienes de los E.U. Y por cada dólar de crecimiento en México, mi país gasta veinte centavos en los E.U. La verdadera relación entre los empleos en los E.U. y el desarrollo en México la demuestran las siguientes cifras. Cuando la crisis de la deuda amagó a México en 1982, nuestra economía se desplomó y los E.U. perdieron trescientos mil empleos conectados a la exportación hacia México.

En 1986, la crisis mexicana había hecho que nuestras importaciones desde los E.U. descendieran a trece mil millones de dólares, siete mil millones menos que en 1982. Pero en 1990, mientras México se esforzaba por salir de la crisis, nuestras importaciones ascendieron a veintinueve mil millones y hoy alcanzan la cifra de cuarenta y dos mil millones. Hay regiones enteras de los E.U. que gozan de superávits comerciales gracias a la importación mexicana. El deprimido *Rust Belt*, la antigua faja herrumbrosa que va de Illinois a Pennsylvania, sede de las primeras "industrias de chimenea" norteamericana, tuvo el año pasado un superávit comercial de 4 mil millones de dólares, debido enteramente a importaciones mexicanas de bienes de capital, máquinas y tecnología.

¿Significa el crecimiento de exportaciones de los E.U. a México que, junto con ellas, crece el empleo estadounidense? Esto es lo que los partidarios del TLC afirman y sus enemigos, con vehemencia, niegan. Admitamos como cierto que por cada mil millones de dólares añadidos a la balanza de pagos de los E.U., veinte mil nuevos empleos se añaden, por ese hecho, a la economía del país. Ello significa que el aumento de la actual cifra de exportaciones a México (cuarenta y dos mil millones de dólares) a la cifra previsible de cincuenta y dos mil millones en 1995 si el TLC se aprueba, en tanto que las importaciones desde México, actualmente cifradas en treinta mil millones, ascienden a treinta y cinco mil millones en el mismo periodo, los E.U. tendrían un superávit con México que generaría trescientos mil nuevos empleos conectados a la exportación.

Pero los E.U. también perderían, en ese mismo tiempo, unos cien mil antiguos empleos, en parte porque el TLC afectará las industrias de trabajo intensivo, pero sobre todo porque estos empleos emigrarán o se perderán, en todo caso, si los E.U. no le hacen frente a su verdadera competencia. Ésta, sobra decirlo, proviene del club económico de alta productividad, alta tecnología y altos salarios —Japón y la Comunidad Europea— y no del club mexicano de la baja productividad, los bajos salarios y la baja tecnología. Hacer a México responsable de la falta de competitividad internacional de los E.U. es injusto: es lo que en México llamamos un pleito ratero y, en España, puñalada de pícaro.

El TLC integraría a 360 millones de personas en un bloque comercial de 6.5 trillones de dólares: el más grande del mundo. Fortalecería incomparablemente la posición de los E.U. en la economía altamente integrada, escasa de capitales y tecnológicamente avanzada, del siglo XXI. Esto es, en realidad, lo que está en juego para los E.U. ¿Dónde fijará la nación norteamericana sus energías en la nueva economía global? ¿Cómo dará respuesta al reto alemán o japonés?

Como todas las naciones industrializadas, E.U. se enfrenta a la cruel paradoja de la productividad con desempleo: mientras más se produce, más desciende el empleo, vuelto redundante por el avance tecnológico. No es el Tercer Mundo el que le roba empleos al mundo industrial, sino la tecnología. La respuesta humana, social y política se encuentra dentro de las fronteras del mundo desarrollado. Se llama educación, reentrenamiento y neodesarrollo de trabajadores y de empleos. El retraso de los E.U. en esta materia, en comparación con Europa y Japón, sólo es culpa de los E.U., no de México.

De acuerdo: ésta no es una situación fácil. Konrad Seitz, el muy franco director de planificación estratégica del Ministerio alemán de Relaciones Exteriores, ha dicho claramente que un alto nivel de vida en el futuro sólo será asequible para las naciones o grupos de naciones que controlen las técnicas de producción más adelantadas. Un país que produce bienes de la segunda revolución industrial —acero, automóviles, etc.— deberá contentarse con "los salarios de México o Corea". Los altos salarios, añade, estarán reservados para los productores de la tercera revolución industrial (lo que Alvin Toffler llama la *Tercera ola*): la tecnología del espacio, la informática, la biotecnología, los servicios...

¿Cómo se decidirá la competencia entre los tres bloques? ¿En paz o en riña? ¿Y quiénes les acompañarán en el paso adelante hacia el siglo XXI? El gobierno de Carlos Salinas en México decidió hace cinco años que la mejor oportunidad para México consistía en tener, por lo menos, un pie dentro de uno de los bloques. Parecía natural que aprovecháramos nuestra situación fronteriza con los E.U., así como la integración de hecho entre las economías de los dos países y las ventajas de eliminar la obstrucción proteccionista en nuestras relaciones. Más aún: ésta es la frontera entre los E.U. y México, y también es la frontera entre los E.U. y el resto de América Latina, que comienza en esa línea larga de tres mil kilómetros entre el océano Pacífico y el Golfo de México, entre San Diego-Tijuana y Brownsville-Matamoros...

El TLC ha significado, además, la única iniciativa dinámica de los E.U. hacia Latinoamérica en largo tiempo. Nuestras relaciones se estancaron en la obsesión de Ronald Reagan hacia Nicaragua y en los esfuerzos de Bush para demostrar su equívoco machismo invadiendo Panamá y secuestrando a Noriega. Entre tanto, las realidades económicas han convertido a América Latina en la única región del mundo donde los E.U. tienen un superávit comercial. Del Río Bravo al Cabo de Hornos, somos el mercado que más rápidamente crece para la exportación norteamericana. Las agrupaciones regionales (Mercosur, el Pacto Andino, el MCCA. el Acuerdo chileno-mexicano, el grupo G3) están a la expectativa del destino del TLC. Ven en él un primer paso hacia mayores y más integradas relaciones con el mundo desarrollado. El interés de los E.U. sufriría enormemente si el TLC se hundiese y, con él, la confianza latinoamericana en la confiabilidad norteamericana.

Personalmente, yo quisiera que creciesen en mi país la inversión y el empleo y, gracias a ellos, disminuyera la emigración mexicana hacia los E.U. y los salarios en México aumentasen de la única manera posible: mediante una mayor productividad pero también una independencia y combatividad creciente de las organizaciones obreras. En todo caso, los inversionistas norteamericanos se equivocan si piensan que se dirigen a una indefensa república bananera. Aun los sindicatos oficialistas de México exigen que los mandatos constitucionales acerca de vacaciones pagadas, maternidad, aguinaldos y despedidos, se cumplan, sobre todo en las industrias donde previsiblemente se invertirá el capital canadiense y estadounidense. Estos costos aumentarán a medida que la economía mexicana, y con ella la democracia en México, se expandan.

Jorge Castañeda tiene razón en muchas de sus críticas. Sobre todo señala que, por apresurarse demasiado, poner todos sus huevos en la misma canasta y fomentar ilusiones excesivas, la administración salinista se ha expuesto a peligros innecesarios. El TLC no es una panacea. Jamás suplantará la capacidad mexicana de trabajo, inversión interna, mayor democracia y mejor justicia. Pero la esperanza inmensa puesta por el gobierno en el TLC podría provocar, si el Tratado fenece, una reacción de gigantescas proporciones.

El gobierno de Carlos Salinas es el primero en la historia reciente de México que ha asociado su propio futuro a una mejor relación con Washington. Si Salinas, a pesar de sus esfuerzos, se encuentra con una puerta cerrada bruscamente, la violenta reacción nacionalista no se dejará esperar en México. La aprovechará la oposición de izquierda y su líder, Cuauhtémoc Cárdenas, en un año de elección presidencial. Y esto, acaso, obligue al presidente Salinas a encabezar la reacción nacionalista, más que a sufrirla. Pero, ¿cómo combinar el nacionalismo con las reformas neoliberales?, ¿y cómo tomará el resto de Latinoamérica el rechazo del TLC por los propios E.U.? Seguramente, como prueba fehaciente de que Washington sigue siendo la capital de un país centrado en sí mismo, e indigno de nuestra confianza: un coloso políticamente ciego, el Cíclope del Norte, incapaz de distinguir sus propios intereses a largo plazo.

Mas, del lado positivo, el fracaso del TLC obligaría a México a redefinir su política exterior, asumir un liderazgo latinoamericano y concluir nuevos tratos con Japón y Europa. Después de todo, la previsión de 1990 ya no es cierta en 1993: el flujo de capitales en la ex URSS y sus ex-satélites ha sido mínimo. Hay más recursos que los entonces imaginados para América Latina.

Lo único cierto de todo esto, sin embargo, es que Jorge Castañeda y yo nos reuniremos a cenar el día de Año Nuevo de 1994. Toco madera.

Hace unos días me topé con mi amigo el millonario mexicano Ruiz Poroto. Pequeñito, orejón y muy gallo, Ruiz Poroto es el homólogo del millonario texano Ross Perot, enemigo número uno del Tratado de Libre Comercio entre Canadá, México y los E.U., cuya cámara baja lo votará el próximo 17 de noviembre de 1993.

Pero como todos los homólogos, Ruiz Poroto odia a su contraparte Ross Perot.

—¡Ya me harté de oírle hablar del gigantesco rumor succionador de empleos gringos yéndose a México! —me dijo. A mí lo que me preocupa es el gigantesco rumor triturador de empresas mexicanas hechas polvo por la competencia del coloso económico norteamericano.

El señor Poroto, en efecto, se queja de que la apertura de la frontera a la competencia estadounidense ha demolido a todas las industrias mexicanas no competitivas. Ruiz Poroto, por ejemplo, era dueño de una fábrica de juguetes. Su negocio se desplomó porque los consumidores mexicanos prefieren adquirir juguetes norteamericanos.

—Pero es que sus juguetes eran muy malos, señor Poroto. Los niños se cortaban las manos.

—Como los Niños Héroes de Chapultepec —contestó don Ruiz. Que se sacrifiquen por la patria.

Ruiz Poroto ha perdido, me dice, no sólo su fábrica de juguetes sino su fábrica de papel, sus fábricas de maquinaria y sus maquiladoras en la frontera.

—¿Sin barreras aduanales, qué sentido tienen las maquilas, mi amigo? Sus ventajas se esfuman. Espérese a ver las industrias de exportación instaladas por todo el país. Tan suave que era tener una frontera cerrada, sin fisgones exigiéndonos cumplir normas laborales o medidas ambientales. El libre comercio me está dando en toditita la chapa.

—Aprenda a competir, don Ruiz —me atreví a decirle.

Poroto nomás movió las orejas. —¿Competir? ¿Cómo van a competir veinte millones de campesinos muertos de hambre en sus maizales con la agricultura eficaz y subsidiada de Canadá y Estados Unidos? Las ciudades mexicanas van a estallar con inmigrantes del campo. ¡Qué ganas de agitarlos, movilizarlos, agitar el espectro del miedo ante las clases medias mexicanas!

Alego, con el diablo de mi lado, que también en Estados Unidos van a sufrir los cultivadores de cítricos y hortalizas con la competencia mexicana y que, en todo caso, los renglones agrícolas cuentan con un periodo de gracia de quince años para ajustarse al libre comercio. Pero Poroto ya se arrancó por una de sus avenidas favoritas: la venganza.

—¿Sabe? —me dice con ojos sicilianos. Ojalá que el TLC sea derrotado en el Congreso estadounidense. Ojalá que regrese el proteccionismo mexicano, aumenten los aranceles y dejemos de importar productos norteamericanos. Qué bonita venganza. Los E.U. tienen una balanza comercial ultrafavorable con México. Cerca de seis mil millones de dólares. ¡Que se chinguen! ¡Vamos a dejar de comprarles! ¿Por qué les estamos salvando las industrias de Michigan a Pennsylvania con cuatro mil millones de dólares de importaciones anuales? ¿Por qué les estamos concediendo un millón de empleos en aumento para atender a la creciente demanda de bienes norteamericanos? Que se contraiga la importación desde México. Que se desplomen las exportaciones yanquis a nuestro país. Que aumente el desempleo en los Estados Unidos.

—Perot alega que va a haber desempleo en E.U., pero debido a la fuga de empresas hacia México, en busca de salarios bajos...

—Más bajos son los salarios en Bangladesh, Nicaragua o Somalia, y yo no veo una carrera para invertir allí. Figúrese, en los últimos diez años, sin TLC, Estados Unidos ha perdido o desplazado veinte millones de empleos. Con o sin TLC, a ellos les corresponde entrenar trabajadores, educarlos para competir en las industrias del futuro. El problema de los gringos es competir con Alemania o Japón, no con México. Estoy hasta las orejas. Vamos pintándoles un violín a los gringos y en cambio vamos a darnos besitos con los europeos y los asiáticos. Vamos convirtiendo a México en trampolín de Europa y Japón para invadir el mercado norteamericano. ¿Zas?

El señor Poroto se iba excitando por minutos, impidiéndome contestar a sus argumentos.

—Entonces no se oponga al Tratado de Libre Comercio —logré intercalar. ¿No cree que aquí en México también debemos adaptarnos a tecnologías que, como ha señalado Clinton, al fin y al cabo son universales?

—¡No! —me gritó don Ruiz. ¡No! Yo lo que quiero es más pobreza y peores salarios en México, para enviar masas y masas de trabajadores migratorios a Estados Unidos, invadir California, retomar Texas...

—Cálmese, señor Poroto... —dije inútilmente.

—¡Estoy harto! —gritó—. Estoy harto de que un demagogo como Pat Buchanan diga que México es una porqueriza. Que avienten a un marciano al Bronx para que vea lo que es un basurero y luego generalice sobre los E.U. ¡No hay que ser! Aquí por lo menos no nos andamos tiroteando por las calles. —Pero algunos senadores en Washington alegan que México no es una democracia y que no puede haber libre comercio con un país que políticamente no es libre.

—Entonces —cacareó Poroto como villano de cine mudo— los E.U. no podrán tener tratados de libre comercio con el ochenta por ciento de las naciones del mundo, que tampoco son democráticas. No, mi amigo, lo que pasa es que los E.U. están aterrados con un mundo que no entienden, un mundo abierto, interdependiente y no ideológico que excluye la gran cruzada contra el enemigo confiable. Si no pueden con el TLC, ¿qué van a poder con la Comunidad Europea o la Cuenca del Pacífico? Déjeme que me ría. Lo hizo, agachándose con un brusco gesto de la mano derecha.

—Yo, de plano, mejor recojo mis canicas y me voy a jugar a otro parque. Una vez más, los gringos nos han traicionado. Quién nos manda tenerles confianza. Yo, por mi parte, feliz de que volvamos a ser un país endeudado, encerrado, proteccionista, con industrias que no compiten, mano de obra barata, polución sin barreras y un mercado cautivo al que pueda venderle mis juguetes... aunque los niños se corten las manos. Ojalá que el 17 de noviembre sea derrotado el TLC y todos volvamos, tranquilamente, a la economía de 1953. Suspiró nostálgicamente y se fue de lado.

Después del TLC

La aprobación del Tratado de Libre Comercio de la América del Norte por la Cámara Baja de los E.U. es un triunfo para Bill Clinton. El presidente norteamericano hubiese carecido por completo de credibilidad si, al día siguiente de la derrota del TLC, se presenta como un proteccionista sin argumentos frente a los proteccionistas asiáticos reunidos en Seattle. La señal enviada por una derrota del TLC al GATT y a la continuidad y éxito de la Ronda Uruguay, hubiese sido igualmente nociva: los E.U., en las palabras del propio Clinton, habría decidido escurrir en vez de competir. Y, finalmente, la América Latina habría entendido el fracaso de Clinton como un fracaso para acelerar la integracion económica del continente. Los E.U. no deben olvidar que en la América Latina tienen el mercado de exportación que más rápidamente crece en todo el mundo. En 1991, las exportaciones de los E.U. a la América Latina aumentaron en un 18 por ciento; en el resto del mundo, en sólo un 5.3 por ciento. Tan sólo en los primeros tres meses de 1992, las exportaciones norteamericanas aumentaron en un 4.4 por ciento mundialmente. Pero en Latinoamérica y el Caribe, el incremento fue de un 32.5 por ciento con relación al mismo periodo en 1991. Asia, Europa y la América Latina hubiesen llegado a la misma conclusión: Washington es un gigante herido.

La guerra fría no sólo la perdió la Unión Soviética. También la perdieron los E.U. La prueba: la incapacidad norteamericana de trabajar en el mundo, con el mundo, ya no como una superpotencia militar, aunque ciertamente como un primero entre iguales: ya no en la desastrosamente estéril carrera armentista, sino en las urgentes tareas de la postguerra fría. La cooperación económica. La reducción del abismo norte sur. La respuesta a los desafíos de un mundo interdependiente, a las revoluciones en la información, la tecnología, los servicios. Pero también la respuesta a la consecuente, y muy dolorosa, pérdida de empleos tradicionales, junto con la necesidad urgente de entrenar, imaginar, vigorizar de nuevo la posición del trabajador en la nueva —la tercera— revolución industrial. El nombre no importa. Es la *sociedad post capitalista y de conocimiento* de Peter F. Drucker. Es la *red global* de Robert Reich. Es la *Tercera ola* de Alvin Toffler. Es una economía global, basada en la información y generando valor más que cantidad.

Como arguye el controvertido español de la Volkswagen, López de Arriortúa, una nación que no se une a la revolución, se queda a la vera del camino. Es lo que le pasó a España cuando Inglaterra inventó la máquina de vapor en 1750. Es lo que le pasó a Rusia cuando los E.U. inventaron la fabricación en serie en 1913. Sólo perderán empleos, dice López, quienes se queden atrás. México ha decidido no quedarse atrás.

Criticado por poner todos los huevos en la misma canasta, el presidente Carlos Salinas apostó la casa y ganó. Cuando se apuesta tanto y se gana, se gana en grande. Salinas ha ganado en grande. Pero sus problemas no han desaparecido. Es cierto: sus reformas económicas, su partido político —el PRI— y seguramente su candidato y el de su partido a las elecciones presidenciales de 1994, salen fortalecidos de la batalla por el TLC. No obstante, en el nuevo mundo posterior a la guerra fría, que es un mundo de información instantánea, la victoria tiene su precio para un país tradicionalmente aislado donde, literal y metafóricamente, el que la paga la hace. ¿Puede el sistema político mexicano ampararse en la impunidad mientras lo escudriñan las cámaras de televisión del Primer Mundo? Salinas ha encabezado una revolución económica en México, basada en la confianza en el mercado, en un Estado más fuerte mientras menos pesado, y medidas macroecónimicas que han controlado la inflación y aumentado las reservas. La microeconomía, sin embargo, sigue capturada en el círculo vicioso del subdesarrollo: los pobres no salen de la pobreza, los ricos concentran cada vez más riqueza. Llevar los beneficios del mercado a los millones de mexicanos marginados y desheredados: hacerlo va a requerir no sólo una segunda revolución económica, sino una primera, y auténtica, revolución política. En un país como México, "democracia" significa, ciertamente, elecciones limpias, instituciones electorales independientes, credibilidad en los resultados y rápida comunicación de los mismos. Pero también significa acceso a los medios de información, seguridad personal, justicia; significa el fortalecimiento de los poderes legislativo y judicial frente al poder ejecutivo. El presidente Salinas tiene la urgente tarea de preparar elecciones democráticas y creíbles en 1994. Su sucesor, sea quien sea y del partido que sea, tiene la obligación igualmente urgente de abrirle las puertas a la revolución política. Un fracaso democrático será debidamente notado por el Primer Mundo al cual México, en aras del TLC, quiere pertenecer. El retraso democrático, a partir de hoy, le costará a México más que nunca. Costará prestigio, credibilidad, inversión, mercados; auténtica modernización. Por el momento, México, en términos democráticos, no pasa ni de panzazo. Merece apenas un cinco de calificación. En agosto de 1994, deberá merecer, por lo menos, un ocho. Hoy, sin embargo, provenientes de tradiciones distintas, marcados por una enorme asimetría de poder pero con contribuciones culturales también enormes que hacer, tanto México como los E.U. han indicado su deseo de unirse al mundo. Un mundo que después de la destrucción de la guerra fría, requiere una vasta reconstrucción. No será fácil. Es bueno saber que México y los E.U. serán activos participantes en la tarea infinitamente difícil de crear un orden internacional humano, modesto pero viable.

Para ello, van a requerir modos de cooperación que no vulneren la soberanía de la parte débil —México— ni la seguridad de la parte fuerte —E.U.—. El TLC no es sólo, en este sentido, un acuerdo comercial: es una nueva *relación* entre México y E.U. Los problemas fronterizos pueden magnificar desavenencias. El problema migratorio requerirá, al fin, atención seria en vez de irresponsabilidad circunstancial. La política exterior mexicana no puede ser rehén de una supuesta solidaridad —y aun gratitud— al socio comercial. Carlos Salinas logró un objetivo importante: que los inevitables conflictos entre México y los E.U. se circunscriban al área de conflicto, sin extenderse al todo. Ojalá que Washington, ahora, no exija lo contrario, o sea, la uniformidad obsequiosa.

Hicimos bien en unirnos al TLC. Nada hubiéramos ganado aislándonos en un mundo de autarquías posibles. Pero una vez aprobado el Tratado, no se convierte en ley de la nación, nos toca demostrar que, con o sin TLC, nuestro crecimiento depende de nuestro trabajo y, con TLC, nuestra soberanía depende de nosotros mismos. Pero sobre todo, y para ambos efectos, ahora nos corresponde perfeccionar el Tratado, darle un contenido social, europeizarlo, niponizarlo y exigirles a los norteamericanos un trato como el que Europa y Japón dan a sus propios factores productivos.

Sólo así el TLC dejará de ser la fatalidad deseada o impugnada por unos, para convertirse en el desafío deseado y aceptado por otros.

Posdata: Jorge Castañeda ya me invitó a cenar. Dos equis y tacos de nenepile. Nada importado. Ni la revolución que comenzó ese día en Chiapas.

Y siempre: la frontera herida

El 12 de julio de 1992, el agente fronterizo norteamericano Michael Elmer disparó contra el trabajador mexicano Darío Miranda en el llamado Cañón de la Mariposa, en Arizona. El agente usó un arma no autorizada y mató al trabajador de dos tiros en la espalda. Enseguida trató de esconder el cuerpo de su víctima.

Acusado de asesinato, asalto y obstrucción de la justicia, el agente Elmer fue perdonado, primero, por un tribunal del estado de Arizona. La incredulidad con que fue recibido el primer veredicto condujo a un segundo juicio, éste ante un tribunal federal. Los doce miembros del jurado, once angloamericanos y un afroamericano, perdonaron, de nueva cuenta, al agente asesino.

"Estaba cumpliendo con su deber". ¿Con arma desautorizada? ¿Matando por la espalda? ¿Tratando de esconder el cadáver?

El incidente ilustra la creciente histeria antinmigratoria y antimexicana a lo largo de la tensa frontera común entre México y Estados Unidos: no una frontera, escribí una vez, sino una cicatriz. La herida se está abriendo de nuevo y, por el cuerpo del trabajador Darío Miranda, vuelve a sangrar.

¿En qué se funda la xenofobia antimexicana, particularmente virulenta en el estado de California? Hace días, en visita a Los Ángeles, escuché una y otra vez los mismos argumentos. Los trabajadores mexicanos son causa principal del déficit presupuestario: reciben beneficios sociales en exceso, no contribuyen a la economía, la sangran con gastos de salud y educación. Los trabajadores mexicanos —segundo argumento— son causa del desempleo en California, le roban trabajo a los norteamericanos. Y, por último, los trabajadores son quienes introducen la droga en Estados Unidos.

Los tres argumentos son otras tantas mentiras. En orden inverso: las drogas no entran a Estados Unidos en el paliacate de un indocumentado. Llegan en avionetas de los narcotraficantes norteamericanos, cuyos nombres todos ignoran y que jamás han sido objeto de publicidad o pesquisa, al contrario de sus contrapartes latinoamericanos.

Estados Unidos lleva años lavándose las manos (y *lavando* dinero) de la droga. Toda la culpa está en la oferta. La demanda es inocente. Cualquiera puede comprar cocaína en cualquier esquina de cualquier ciudad norteamericana. ¿Quién la puso allí? ¿Un narco latino o un gringo? Es más fácil, desde luego, militarizar a Bolivia que militarizar el Bronx.

El desempleo norteamericano no lo causan nuestros trabajadores. Es parte de una larga recesión general complicada, en California, por el cierre de fábricas de defensa y, nacionalmente, por la paradoja de la tercera revolución industrial: a mayor productividad, mayor desempleo. Estados Unidos no ha sabido adoptar políticas previsoras de reconversión industrial, reeducación y nuevo destino para los trabajadores desplazados por el fin de la guerra fría y la expansión tecnológica.

Por último, el déficit presupuestario de California es resultado, como el déficit general de Estados Unidos, de doce años de economía *vudú* presidida por Reagan y Bush. La drástica reducción de impuestos al tiempo que ascienden vertiginosamente los presupuestos de defensa, no es una fórmula para lograr el equilibrio presupuestario. Clinton está pagando los errores de sus dos antecesores republicanos.

El trabajador indocumentado, por serlo, no acude a los servicios de bienestar social. En cambio, como consumidor, paga impuestos que en mucho exceden los escasos beneficios sociales que el trabajador puede recibir.

El trabajador mexicano es, simple y sencillamente, un *chivo expiatorio* para problemas generados en Estados Unidos que los norteamericanos no quieren mirar de frente.

La clase política de California, vergonzosamente, ha atizado la campaña antimexicana para obtener los réditos de una reacción política: el elector norteamericano necesita, como Ajab a Moby Dick, enemigos confiables, villanos reconocibles. En ausencia del *coco* comunista ese papel, hoy por hoy, le corresponde a México y a Japón. Hitler necesitó judíos. La cristianidad medieval, también. A nadie mejor se le podía echar la culpa. Pero la xenofobia y el racismo desembocan en el *pogrom* y el campo de concentración. Antes de salir a cazar mexicanos, como están haciendo muchas pandillas de adolescentes, los racistas norteamericanos deberían ver la película de Spielberg *La lista de Schindler*. Pero los judíos de Polonia eran blancos. La fobia contra mexicanos tiene un nombre y un color: racismo.

Esto es lo que atiza el gobernador Pete Wilson, principal azote del peligro mexicano pero que, como nos recuerda Jorge Bustamante, siendo senador "demandaba de la policía fronteriza... que facilitara la entrada de los trabajadores migratorios mexicanos para salvar las cosechas de su estado".

Éste es el meollo del asunto: los trabajadores mexicanos acuden a una demanda del mercado norteamericano para hacer labores que ningún trabajador estadounidense desea realizar. California produce la tercera parte de la riqueza agrícola de Estados Unidos. Y esa producción la cosechan, en un 90 por ciento, brazos mexicanos.

Las dos senadoras autodesignadas *liberales*, Feinstein y Boxer, piden una frontera hermética y, aun, alambrada: un muro de Berlín como corona del Tratado de Libre Comercio. Ojalá que la Patrulla Fronteriza les conceda sus deseos: la riqueza agrícola de California se desplomaría.

Como mexicano, desearía que mi país, como lo ha dicho repetidas veces el presidente Salinas, exportara productos y no trabajadores. Quizá, algún día, esto suceda. Hace muy pocas décadas, Italia exportaba mano de obra barata a Escandinavia, y España a Francia. Hoy, Italia exporta alta costura en vez de bajos salarios, y España zapatos en vez de pies descalzos.

Pero cuando México ya no exporte trabajadores, la economía norteamericana los seguirá pidiendo, si no de México, de Centro y Suramérica y del Caribe. Agricultura, hotelería, hospitales, transportes: todo ello se derrumbaría sin el trabajo de los inmigrantes, así como la pirámide salarial interna.

Estados Unidos contribuye a la economía de México: las remesas de los trabajadores mexicanos ascienden a tres mil millones de dólares anuales y son ya la cuarta fuente de divisas para México. Pero México también contribuye a la economía de los Estados Unidos. Importamos casi dos mil millones de dólares anuales de California. La exportación de Texas a México es de más de dos mil millones de dólares

111

anuales. Y los cuatro mil millones de dólares anuales a los que ascienden las importaciones mexicanas del *Rust Belt* (de Michigan a Pennsylvania) han dado a esa región un superávit en vez del acostumbrado déficit comercial.

Tiene razón, de nuevo, Jorge Bustamante: un solo día de boicoteo mexicano contra las importaciones de Estados Unidos, le costaría mucho a ese país. Ambos podemos perjudicarnos. Pero ambos también podemos entendernos.

Los políticos californianos que atizan la xenofobia, el racismo y la histeria antimigratoria, juegan con fuego. No le corresponde al gobierno Clinton sumarse a esta corriente oportunista, sino admitir, junto con el gobierno de México, que ambos países participan de un flujo bilateral del mercado de trabajo. Éste es un problema económico y social, que jamás podrá ser resuelto por medidas policiacas.

Con toda dignidad, el nuevo canciller mexicano, el excelente diplomático que es Manuel Tello, ha empezado por pedir que un problema bilateral como éste, sea siempre objeto de consultas bilaterales. Los cónsules fronterizos mexicanos, cabe añadir, cumplen puntual y a veces valientemente con su cometido de defensa de nuestros trabajadores.

Pero ¿quieren los gobiernos negociar en serio? ¿Pueden hacerlo siquiera? ¿O prefieren pasar por alto el problema, porque a México le conviene que emigre su trabajo excedente, porque a Estados Unidos le conviene manejar a su antojo la necesidad esencial de mano de obra mexicana, alentándola en épocas de bonanza, condenándola en época de crisis, pero manteniendo siempre la ficción policiaca de una frontera impregnable?

Más bien, las realidades de la integración económica global darán una respuesta. Pero cada vez más también, a nivel internacional, se requerirán tratados protectores del inmigrante, sindicatos mundiales de apoyo al trabajador migratorio y condenas a la violación de quienes, como Darío Miranda, asesinado de dos tiros de la policía fronteriza por la espalda, no cometieron más crimen que buscar un empleo.

EL 94: DIARIO DE UN AÑO PELIGROSO

Advertencia

Cuanto he escrito en estos meses turbulentos —de enero a noviembre de 1994— está sujeto a prueba en contrario y contiene, fatalmente, pecados de perspectiva, pasión e imprevisión. He preferido no tocar una línea de lo que escribí a partir de los acontecimientos del 1 de enero, asumir mis posibles errores, pero mantener la vitalidad de la respuesta al año —aún no acabado— en que México, como Mel Gibson y Sigourney Weaver en la película de Peter Weir, vivió peligrosamente.

México, D.F. a 24 de octubre de 1994.

Enero: Chiapas, donde hasta las piedras gritan

Antes de la actual, hubo dos grandes insurrecciones en Chiapas, la región más pobre y meridional de México. En 1712, una niña llamada (ni más ni menos) María Candelaria, dijo haber visto a la Virgen. Miles de campesinos acudieron al sitio de la aparición. La Iglesia se negó a legitimar el milagro e intentó destruir el altar de María Candelaria. La revuelta prendió, encabezada por Sebastián Gómez de la Gloria, quien llegó a sumar seis mil indios en sus filas, en una guerra de exterminio contra los españoles.

En 1868, otra muchacha, Agustina Gómez Checheo, dijo que las piedras de Chiapas le hablaban con la voz de Dios. Las piedras parlantes atrajeron a muchos peregrinos, y en torno a este culto comenzó a organizarse la protesta social. Agustina fue encarcelada, pero Ignacio Fernández Galindo, que no era indígena sino hombre de la ciudad de México, asumió la jefatura del movimiento, prometiendo a los indios que los conduciría a la "edad de oro" en la que la tierra les sería devuelta.

Tanto la rebelión tzeltal de 1712 como la chamula de 1868 parecen invenciones de un abuelo común de Juan Rulfo y Gabriel García Márquez. Ambas fueron sofocadas —por los ejércitos del virreinato, aquélla, de la República, ésta— y sus líderes ejecutados. La actual insurrección chiapaneca, quizás, también tendrá corta vida.

Lo que tiene una larga vida es la situación de pobreza extrema, de injusticia, despojo y violación en la que viven, desde el siglo XVI, los indios que son campesinos y los campesinos que son indios, es decir, la mayoría de la población chiapaneca.

"En Chiapas, la revolución no triunfó", declaran en una carta abierta los principales escritores de ese estado, rico en talento literario y artístico. El movimiento revolucionario iniciado en 1910, que tan radicalmente transformó las estructuras económicas y sociales de México (aunque mucho menos, las estructuras políticas) dejó atrás a Chiapas, donde las prácticas oligárquicas no sólo no le han devuelto la tierra al campesino, sino que se la han arrebatado palmo a palmo, en beneficio de los ganaderos, los terratenientes y los talamontes que explotan a Chiapas como una reserva colonial.

¿Y la autoridad política? Ésta es la cuestión. Un estado que podría ser próspero, con tierras fértiles y abundantes para la mayoría de sus hombres y mujeres, no lo es porque los gobiernos locales, con la complicidad o, peor aún, la indiferencia de los gobiernos federales, están coludidos con los poderes de la explotación económica. Cacao, café, trigo, maíz, bosques vírgenes y pastos abundantes: sólo una minoría disfruta de la renta de estos productos. Y esa minoría, provinciana, sin nombre ni membrete nacional, hace lo que hace porque el gobierno local se lo permite. Y cuando alguien protesta, el gobierno local actúa en nombre de la oligarquía local, reprime, encarcela, viola, mata, para que la situación no cambie.

No puede imaginarse guión más predecible para una explosión social. Lo extraño es que no haya ocurrido antes. Que la situación era conocida lo demuestra el hecho de que el Programa Nacional de Solidaridad, el *brainchild* del presidente Carlos Salinas, haya volcado recursos considerables sobre el estado de Chiapas, en los últimos años: más de 50 millones de dólares. Chiapas, como ningún otro estado de México, necesita recursos: 60 por ciento de su población se sigue ocupando en el sector primario, contra 22 por ciento nacional, una tercera parte de sus viviendas carece de luz y 40 por ciento de agua potable, la tasa de analfabetismo es muy alta y el ingreso *per capita* muy bajo.

El propósito de *Solidaridad* ha sido paliar los efectos sociales de la medicina neoliberal y, también, fomentar iniciativas locales y sentimientos de dignidad. Sin embargo, la insurrección chiapaneca ha venido a confirmar una sospecha nacional: sin reforma política, la reforma económica es frágil y, aun, engañosa. Si en Chiapas los recursos de *Solidaridad* hubiesen corrido parejos a una renovación política, la violencia actual se hubiese, quizás, evitado. Como están las cosas, las buenas intenciones de *Solidaridad* fueron como agua regada en la playa: la arena se la chupó. Un programa como *Solidaridad* requiere de un sólido contexto democrático para ser realmente efectivo.

¿Democracia en Chiapas? ¿Y eso con qué se come? Se sirve, diría yo, con confianza en la gente, empezando por las aldeas más pequeñas, donde los habitantes se conocen entre sí y saben elegir a los mejores. Toda democracia empieza por ser local. El sistema autoritario y centralista encarnado en el PRI impide a la gente concreta en sus localidades concretas organizarse políticamente y elegir a los mejores. En cambio, el centro, casi infaliblemente, impone a los peores. Naturalmente: sólo ellos pueden trabajar en mancuerna con la oligarquía chiapaneca. El sistema político y económico mexicano, antidemocrático e injusto, es el corresponsable del estallido chiapaneco.

Ese mismo sistema, si quiere reformarse a sí mismo, devolverle a los mexicanos la seguridad de que su voto individual cuenta e impedir futuros Chiapas, debe proceder a su reforma urgente. No la puede imponer desde arriba. Debe aprender a respetarla desde abajo. Federalismo, límites al presidencialismo, fortalecimiento de los poderes legislativo y, sobre todo, judicial, elecciones no sólo limpias sino creíbles. Sólo esto impedirá que se repita el drama de Chiapas.

Pero hay algo peor. "Somos dos naciones", dijo en 1845 el gran reformador conservador Benjamín Disraeli, de la Inglaterra dividida por las injusticias de la

118

primera revolución industrial. Hoy que el mundo entra a la revolución del siglo XXI, que lo será del conocimiento y de las tecnologías, Chiapas se descubre para mostrarnos las llagas de una situación preindustrial, a veces prehistórica, brutal y miserable. No, no todo México es Chiapas. Con toda su flagrante injusticia tanto horizontal como vertical. México se ha transformado en 60 años, de un país agrario, analfabeta, de culturas sumergidas, en una nación moderna, con sentido de su identidad y de su unidad factible, la décimotercera economía del mundo; un país, sin duda, con voluntad de crecimiento y de justicia.

El drama de Chiapas arroja, sin embargo, una larga y ominosa sombra sobre el futuro de México. Las piedras de Chiapas siguen gritando y nos hablan de la posibilidad de un país fracturado entre un norte relativamente moderno, próspero, integrado a la economía mundial, y un sur andrajoso, oprimido, retrasado. No hay balcanización en México, hemos evitado el mal del fin de siglo. Los sucesos de Chiapas reflejan situaciones de pobreza e injusticia comparables en otras regiones del sur de México, sobre todo Guerrero y Oaxaca... Reconocer el drama de Chiapas, permitir que la democracia política se manifieste allí, y que el desarrollo social no se pierda en las arenas de la opresión económica ni sea barrido por la marea de la represión política, es dar un importante paso para que, un día, México no se divida geográficamente y se divida menos económicamente.

Hay una guerra en Chiapas. Todo el país reprueba el uso de la violencia. En primer lugar, la de los guerrilleros. Su desesperación es comprensible; sus métodos no. ¿Había otros? Ellos dicen que no. A nosotros, el gobierno y los ciudadanos, nos corresponde demostrarle a los insurrectos que sí. La solución política será tanto más difícil, sin embargo, si el Ejército se excede en su celo, confundiendo a Chiapas

119

con Vietnam y defoliando la selva chiapaneca con bombas de alta potencia. Así se amedrenta a la población, es cierto. Los habitantes de una aldea indígena ven caer los primeros cohetes como sus antepasados vieron entrar a los primeros caballos. Sienten miedo, se rinden, prefieren la tranquilidad, así sea con miseria. Pero aceptar el miedo como norma de la concordia es asegurar nuevos estallidos. El Ejército, por otra parte, tiene una imagen dañada por los sucesos de octubre de 1968: la matanza de cientos de estudiantes inocentes en Tlatelolco a fin de tener una "Olimpiada" feliz y preservar la "buena imagen internacional" de México. El ejército no debe dañarse aún más con el uso excesivo de la fuerza en Chiapas.

Puede y debe haber diálogo, puede y debe haber soluciones políticas en Chiapas, por difícil que sean en un cocido de racismo, teologías de liberación, sectas protestantes, explotación económica e ideologías guerrilleras arcaicas... Pero con las autoridades actuales, la solución política se dificulta. El actual gobernador interino ha demostrado su incompetencia. Su patrón, el gobernador con licencia, es el jefe virtual del gabinete mexicano. Ambos deben cederle el paso a un gobernador realmente representativo del pueblo chiapaneco, un gobernador que inspire confianza y unión. Que hablen los ciudadanos, no las piedras, en Chiapas.

Sólo un gobierno local renovado, de conciliación y diálogo, pero también de voluntad justiciera y democrática, puede convertir la tragedia de Chiapas en la épica de Chiapas: el primer paso de una transformación económica, política y cultural paralelas que sitúe a México, no en el ilusorio Primer Mundo al que, instantáneo como el Nescafé, nos iba a introducir el Tratado de Libre Comercio, vigente desde el 1 de enero, por nuestra frontera septentrional, ni a la Centroamérica rezagada y tumultuosa a la cual, con peso de piedras mudas, nos arrastra nuestra frontera sur.

Chiapas debe ser parte, y desde ahora parte representativa, termómetro indispensable, del desarrollo nacional.

Que se vea Chiapas en México, pero también que México se vea en Chiapas, que no se separe ya economía de política, ni desarrollo de democracia. La insurrección chiapaneca, al menos, habrá tenido la ventaja de despertar a México de su complacencia y autocongratulación primermundista, pero salvándonos, a la vez, de la miseria y la flagelación tercermundista. En un año electoral, esto será determinante. Es menos importante que sufra la "imagen internacional" de México, a que sufran millones de mexicanos, sin techo, sin tierra, sin aguas. Por ellos, dramáticamente, han hablado las piedras de Chiapas.

Uno de los momentos más dramáticos de la insurrección chiapaneca ocurrió el 25 de enero pasado, cuando representantes de las comunidades agrarias e indígenas de la región le explicaron en Tuxtla Gutiérrez al presidente Carlos Salinas de Gortari la situación de injusticia que padecen.

Cuenta Alfonso Reyes de un viaje a Andalucía con un filósofo español que después de escuchar a los campesinos, exclamó: "¡Qué cultos son estos analfabetas!"

Lo mismo puede decirse del campesino chiapaneco Luis Herrera diciéndole al presidente en español difícil: "En Chiapas has manifestado cambiar la sociedad para ser nuevo, señor presidente. Pero no pasó nada. Sólo por palabra quedó".

¿Qué es lo que estos hombres profundamente inteligentes esperan que cambie? Otro campesino, Hernán Cortés Méndez, habló de "grandes persecuciones a campesinos, encarcelamientos y asesinatos que jamás se han castigado o esclarecido". Pero en Chiapas "hoy, con las leyes actuales, todos los campesinos somos potencialmente delincuentes", dijo otro trabajador, Jacobo Nazar Morales.

La protesta contra estos abusos ha caído en el vacío. "Le he mandado carta, no he recibido respuesta", le dice al Presidente el chamula Domingo López Ángel, antes de detallar la manera como los gobiernos de Chiapas han protegido a los caciques. "En Chiapas se tienen que reformar leyes, actitudes, comportamientos y mecanismos de relación de las instituciones con nuestro pueblo", añade Nazar Morales. "Que se nos respeten nuestras formas de trabajo y la integridad de nuestras organizaciones".

Alfonso de León, campesino de La Pijal Yacaltic, con rara sabiduría, lo resume todo cuando explica que ellos no aspiran al igualitarismo, "pero sí que todos quepamos en la sociedad".

Que todos quepamos en la sociedad. Esta definición casi perfecta de la democracia, nace de una cultura profunda, antigua, con raíces de gobierno propio, como lo describió Ricardo Pozas, el extraordinario antropólogo, en su *Juan Pérez Jolote*.

Éste es el problema. Los indígenas y campesinos que le hablaron al presidente Salinas no necesitan la tutoría del PRI, saben gobernarse a sí mismos. Con sus palabras, cae el mito cultivado a lo largo de nuestra historia: son niños, son analfabetas, son premodernos. Pues sí: qué cultos son estos analfabetas y cómo, con muy pocas palabras, demuestran que ellos son verdaderamente la "gente de razón", y no los supuestos monopolizadores de la razón, los ladinos, blancos y mestizos que tienen derecho a caminar en la acera mientras los indios se ven obligados a usar la acequia.

Durante siglos, ellos han explotado a la población trabajadora de Chiapas, tratando de sumergir su antiquísima cultura. Hoy, esa cultura se manifiesta de nuevo y nos habla a todos con un sentido incluyente de la modernidad. No hay modernidad exclusiva. Tiene que ser inclusiva. Chiapas nos ha recordado que sólo podemos seguir siendo si no olvidamos todo lo que somos y hemos sido.

Chiapas, sin embargo, ha resucitado o revelado los arraigados sentimientos racistas e intolerantes de muchos mexicanos. He escuchado en estos días a mucha gente de la alta sociedad mexicana, banqueros, magnates de los medios, sus esposas, pidiendo para el pueblo trabajador de Chiapas el exterminio, el silencio. ¿Cómo se atreven a destruir nuestra tranquilidad, si son indiada, patarrajadas, si no tienen acciones en Banamex o chalet en Vail, si no ven y aplauden a Televisa? Son Nadie.

Ahora, ese gran Nadie que habita en las sombras de México, ha salido al sol. Y ha puesto el dedo en la llaga: la democracia en Chiapas sólo es posible si hay democracia en México. Y la democracia en México sólo es posible si hay democracia en Chiapas.

¿Democracia en Chiapas? Las razones de la primera revolución poscomunista que empezó en México el 1 de enero de 1994, son locales, son profundas y tienen que ver con la situación de injusticia irresuelta revelada mundialmente por la caída del comunismo. Esas razones se acumulan diariamente.

Son, hemos insistido todos, ancestrales. A veces datan de la Colonia española. Otras, sin embargo, son más recientes. El fin de los programas de obras públicas en Chiapas. La caída de los precios del café sin los antiguos subsidios que amortiguaban las fluctuaciones. El descenso de los ingresos y del nivel de vida, no sólo de los campesinos, sino de la clase media y la burocracia. La consiguiente radicalización. La evangelización y la teología de la liberación. La traducción a las lenguas indígenas de la Constitución mexicana. La reforma del artículo 27 de esa misma Constitución, que si bien quería reconocer fracasos y estimular modernidades en el campo, pasó por alto la existencia de latifundios (Colosio insistió en su discurso de Anenecuilco en que los seguía habiendo) y, sobre todo, le cerró la esperanza a muchos campesinos sin tierra y anclados en al cultura del ejido. Chou En Lai dijo en cierta ocasión que una reforma agraria, aunque fracase, es irrepetible mientras mantenga viva la esperanza del campesino.

En Chiapas, toda una cultura campesina se sintió amenazada.

Este pueblo digno, inteligente, cada vez más consciente de sus derechos, puede y debe elegir libremente a sus gobernantes locales, pues sólo ellos serán responsables ante las voces ciudadanas de Chiapas.

Pero si los problemas de Chiapas no pueden resolverse sin democracia en Chiapas, la democracia en Chiapas no puede ser efectiva sin una democracia nacional a la cual aquélla se articule.

¿Cómo? Mediante dos grandes reformas del sistema político mexicano.

Una consiste en tener un federalismo efectivo que, en la clásica definición de Madison, "extienda la república", es decir, abrace a todos, le dé un lugar a todos, como pide el campesino Alfonso de León. ¿Cómo? Nuevamente Madison dice: mediante un gobierno fuerte, pero sujeto a pesos y contrapesos, separación de poderes y difusión descentralizada de iniciativas locales. De esta manera, la reforma federal se vuelve inseparable de la reforma del presidencialismo y de la actualización del equilibrio entre los poderes. (De paso: ¿Qué hacía el presidente de la Suprema Corte en una reunión partidista del PRI en Los Pinos? ¿Se hacía bolas?). En este año electoral mexicano, no será posible que el drama de Chiapas y su solución democrática no incidan en el drama de México y nuestra solución democrática. El acuerdo esencial suscrito por las fuerzas políticas (la "Moncloa" mexicana para la transición democrática en que he venido insistiendo), los veinte puntos para la democracia suscritos por un grupo de ciudadanos y los seis puntos para una elección creíble propuestos por el candidato priísta Luis Donaldo Colosio, se complementan y fortalecen mutuamente.

Todos están de acuerdo en la necesidad de contar con autoridades electorales imparciales, un padrón electoral confiable, acceso a los medios de comunicación, topes al financiamiento, prohibición de usar recursos públicos con fines partidistas y fiscalización de los delitos electorales.

El candidato Colosio insiste en la auditoría del padrón electoral y un acuerdo para evitar restricciones penales a los derechos políticos. Pero la esencia del compromiso está en el acuerdo global partidista. Ahora hay que actualizarlo.

Lo que no se podrá hacer es separar las negociaciones en Chiapas del acuerdo por la democracia.

Pues, en último análisis, si no se resuelven los problemas de la democracia en Chiapas, no se resolverán en México, y si no se resuelven en México, pronto habrá una, dos, tres Chiapas en Hidalgo, Oaxaca, Michoacán, Guerrero... Pero éste es vocabulario guevarista, foquista, periclitado, y la revolución chiapaneca, entre sus virtudes, tiene la de poseer un vocabulario fresco, directo, poscomunista. El subcomandante Marcos, me parece, ha leído más a Carlos Monsiváis que a Carlos Marx.

El año de 1994 será crucial para el futuro de una democracia mexicana. El PRI ha gobernado sin interrupción a México desde 1929. Ha durado más que el Partido Comunista en la Unión Soviética o la dictadura del español Francisco Franco. Como aquéllos al desaparecer, carece de respuestas viables al problema central de México: la falta de coincidencia entre la sustancia económica, social y cultural del país, y sus instituciones políticas.

Como lo indica el destacado novelista e historiador Héctor Aguilar Camín, México ha pasado por dos periodos a partir de la Revolución de 1910. El periodo de los caudillos duró hasta 1929. Al fundar el PRI (entonces Partido Nacional Revolucionario, PNR) el "jefe máximo", Plutarco Elías Calles, inició el periodo de las instituciones revolucionarias. Ahora, alega Aguilar Camín, debemos iniciar el de las instituciones democráticas. Como lo hizo España, a partir de 1977, con los acuerdos de la Moncloa.

Cuatro factores determinarán la naturaleza de la transición mexicana. La rebelión en Chiapas, los acuerdos políticos en materia electoral, la garantía democrática del presidente Carlos Salinas de Gortari, y, desde luego, el hecho de que todo esto ocurre en un año de elecciones generales.

El 21 de agosto, los mexicanos iremos a las urnas a elegir a un nuevo presidente por un sexenio no renovable. Elegiremos un nuevo Congreso y numerosos gobernadores. Pero el negrito en el arroz es que toda elección soporta el peso de una historia de fraudes e incredulidad. Como los buenos burdeles, el PRI ha vivido gracias a sus placeres —la estabilidad— y a pesar de su mala fama —el fraude constante—. Hoy, nadie cree en las virtudes, y los vicios se han vuelto patentes.

Si durante largo tiempo el PRI se mantuvo sobre la doble oferta de la estabilidad interna y el desarrollo económico, la rebelión chiapaneca ha destruido esta imagen. El país está nervioso, insatisfecho; demasiados mexicanos se han quedado atrás y los éxitos de la macroeconomía ya no pueden disimular o resolver las duras realidades microeconómicas. Como me dijo el candidato heterodoxo a la presidencia de Chile, Manfred Max Neff, el pasado diciembre en Santiago: "nadie vive en la macroeconomía".

Con esto no pretendo negar los éxitos debidos a las reformas económicas del presidente Carlos Salinas de Gortari. Salinas estabilizó una economía que había tocado fondo, controló la inflación, liberó al Estado de cargas innecesarias, obtuvo sucesivos superávits presupuestales y abrió una economía cerrada y sobreprotegida al libre comercio y a la integración global. Todas estas medidas, por supuesto, también crearon nuevos desafíos, nuevos problemas.

Pero el gobierno salinista se convenció de que la reforma económica desde arriba acabaría por mejorar los niveles de vida desde abajo y que ello bastaría para aplazar, por lo menos, la exigencia de una reforma democrática. Fue un grave error. Los círculos gubernamentales invocaban constantemente la experiencia soviética: no se pueden tener *perestroika* y *glasnot* (reforma económica y libertad política) al mismo tiempo, se nos informó.

Obviamente, muchos mexicanos no estuvieron de acuerdo. Cada ejercicio electoral desde 1988 ha sido maculado por el fraude, el conflicto poselectoral, las muertes de oposicionistas (varios centenares de miembros del PRD), desembocando fatalmente, en el nombramiento de gobernadores interinos por el presidente. En la actualidad, de los 32 estados de la Federación, 17 son gobernados por interinos. Esto quiere decir que la mitad de los 90 millones de mexicanos son gobernados por funcionarios que no eligieron.

Necesitamos un federalismo funcional, no la farsa que actualmente se pasea bajo esa toga. Pero crear un sistema federal efectivo requiere, a su vez, establecer una verdadera separación de poderes, un Congreso libremente electo y un Poder Judicial independiente. Y esto, a su vez, requiere fiscalización, frenos y contrapesos al Ejecutivo, y elecciones limpias. Una larga minuta, un verdadero desafío para un país de tradición autoritaria.

Las reformas electorales de la época salinista le daban al PRI mayorías automáticas en nombre de la gobernabilidad y dejaban las instituciones electorales en manos del gobierno y de su brazo activo, el PRI. Las demandas para una reforma electoral se iniciaron el año pasado pero no progresaron hasta que la rebelión de Chiapas obligó a todas las partes a sentarse a la mesa de negociaciones.

Chiapas ha sido, entonces, el catalizador. Hasta los rifles de madera de los rebeldes dieron en el blanco: la desigualdad del país es demasiado grande, la colusión de las autoridades locales y los explotadores locales, indecente, y los males de Chiapas no pueden corregirse sin democracia en Chiapas. Pero no puede haber democracia en Chiapas si no la hay en México. Y no puede haber democracia en México si no la hay en Chiapas.

Lo quieran o no lo quieran, el gobierno y su negociador en Chiapas, el ex alcalde de México Manuel Camacho Solís, los problemas locales de Chiapas y los problemas nacionales de México están íntimamente ligados. El pueblo de Chiapas se ha dado cuenta de la inminencia de un terrible cambio. Durante siglos, los chiapanecos han sido explotados. Pero durante el milenio que se inicia, sólo serán marginados. Creo que prefieren ser explotados que marginados, olvidados, abandonados al azar y a la muerte, bajo el esquema tecnocrático de una aldea global integrada.

Como ellos, hay millones en otros estados mexicanos: Guerrero, Michoacán, Oaxaca, Hidalgo, Puebla y Chihuahua, donde estuve a finales de febrero y me di cuenta de la inquietud de los indios de la Tarahumara, y de los campesinos abocados a la resistencia civil. Una señal del subcomandante Marcos (líder zapatista) podría encender múltiples rebeliones como la de Chiapas. ¿Cómo reaccionarían los E.U. a lo que Washington pudiese considerar como un problema de seguridad? El ejército mexicano no tiene recursos para apagar más de un incendio a la vez. Marcos lo sabe. Camacho también. Debe haber un acuerdo en Chiapas. Y ello no dejará de influir sobre la situación nacional en un año electoral.

El presidente Salinas, que en las primeras horas de la rebelión tuvo la clásica reacción de suprimirla por la fuerza, dio un golpe de timón una semana más tarde y, para su honor, liberó a su gabinete de pesos muertos, nombró a Camacho comisionado para la paz en Chiapas, decretó una amnistía y dispuso el escenario para las negociaciones políticas nacionales. Las encabeza, en la ciudad de México, el nuevo secretario de Gobernación, Jorge Carpizo, el independiente y combativo creador de la Comisión Nacional de Derechos Humanos, que sucede al desprestigiado Patrocinio González, quien, ¡Dios nos coja confesados!, era antes gobernador de Chiapas. Salinas dijo que quería corregir lo mal hecho. Antes, ningún presidente mexicano había admitido ningún error.

Pero ahora, este presidente joven, enérgico, muy inteligente, se enfrenta al desafío mayor de su carrera. A los presidentes mexicanos se los conoce por una sola cosa. Lázaro Cárdenas significa petróleo. Miguel Alemán, industrialización. Gustavo Díaz Ordaz, la matanza de Tlatelolco. José López Portillo, deuda. Estas etiquetas los clasifican para siempre. Carlos Salinas, hasta el 31 de diciembre de 1993, hubiera pasado a la historia con una sola expresión: Tratado de Libre Comercio de América del Norte (TLC). A partir del 1 de enero, su sambenito dice: Chiapas. Pero antes de abandonar el poder el próximo 1 de diciembre, Salinas debería ostentar una sola insignia histórica: democracia.

Las negociaciones atendidas por Carpizo poseen una clara agenda. La ley electoral debe ser reformada, mediante sesión extraordinaria del Congreso, a fin de que las autoridades electorales sean independientes del gobierno y del Partido Revolucionario Institucional. Como escribe el distinguido politólogo José A. Ortiz Pinchetti: "Si los procesos electorales de 1994 fueran organizados, administrados y calificados por órganos autónomos, las demás reglas innovadoras se volverían efectivas".

Las reglas a las que se refiere Ortiz Pinchetti tienen que ver con la limpieza, coincidencia y auditoría de las listas electorales: las almas muertas de Nicolás Gogol no deben votar en lugar de las almas vivas de Cuauhtémoc Cárdenas. Debe haber topes al financiamiento de los partidos, los recursos públicos no deben emplearse para fines partidistas. El fraude electoral debe penalizarse. El acceso a los medios de información debe ser equitativo y seguro. Los resultados deben darse a conocer pronta y efectivamente.

El gran problema del sistema electoral mexicano es que no es creíble. Es tan increíble que muchísima gente sólo cree que no hubo fraude cuando pierde el candidato del PRI. La reforma electoral debe hacer al sistema tan creíble que la gente crea en el resultado electoral aunque gane el candidato del PRI.

Un paso definitivo en la dirección de la credibilidad será la presencia de observadores tanto nacionales como internacionales. Aquéllos siempre han sido aceptados. El gobierno, tradicionalmente, ha rechazado la idea de observadores internacionales. Su aceptación significa que la elección podrá ser verificada y aprobada por hombres como el antiguo presidente de gobierno español, Adolfo Suárez, quien pastoreó la transición en su país. El canadiense Pierre Trudeau, el sueco Pierre Schori, los ex presidentes Raúl Alfonsín de Argentina, Oscar Arias de Costa Rica, Patricio Aylwin de Chile, Julio María Sanguinetti de Uruguay... Todos ellos harían hasta lo increíble creíble, es decir, las posibles victorias del PRI. (Por razones históricas, México no acepta observadores de Estados Unidos, sobre todo si son ex presidentes. Pero los E.U. estarán presentes a través de sus ubicuos medios de información).

Negociaciones en Chiapas y en la ciudad de México. Reforma de las leyes electorales. El cuarto elemento de este póker mexicano es el propio presidente Salinas, que debe ahora fungir como garantía de un proceso democrático. Pero no basta una garantía pasiva. Temo que el presidente deba tomar él mismo la bandera de la reforma democrática y hacer campaña, con tanta energía como lo hizo para la aprobación del TLC, a favor de la democracia en México.

El año político será complicado y peligroso, aunque hay que mirar con satisfacción que se ha cumplido la primera etapa del acuerdo entre gobierno y zapatistas: lo que en Centroamérica tomó años, en México se ha surtido en semanas. Pero es bueno reconocer que Salinas se equivocó cuando, triunfalmente saltó por encima de su propio partido y nombró a uno de los tres precandidatos (Luis Donaldo Colosio, Pedro Aspe y Manuel Camacho) como candidato presidencial por *fiat* (o dedazo). Tanto el PRI como el país se habrían beneficiado de una precampaña. Los ciudadanos hubiésemos conocido mejor a estos tres hombres y sus programas. Colosio fue designado no sólo candidato, sino heredero. Ahora, después de Chiapas, debe establecer su propia credibilidad, su independencia y su compromiso democrático. Se enfrenta no sólo a las oposiciones tradicionales de derecha (Partido de Acción Nacional, PAN) y de izquierda (PRD), sino a un desafío singular, por no decir anormal, dentro de sus propias filas. Camacho, condenado a muerte después de que el presidente escogió a Colosio en noviembre, se levantó de su tumba cuando el presidente lo nombró comisionado para la paz en Chiapas, el mismo día en que Colosio iniciaba su campaña política.

El país es una colmena de rumores ¿Se lanzará Camacho o no? No se trata de que sustituya a Colosio como candidato del PRI. Ambos son hombres honorables y ésta sería una acción poco honorable. Pero, ¿puede Camacho, por la libre, ser un candidato viable? Sin siquiera anunciar su candidatura, tiene ya, según las encuestas de Miguel Basáñez, un 21 por ciento de la intención de voto, contra un 26 por ciento para Colosio, un 21 por ciento para Cárdenas y un 14 por ciento para el panista Cevallos.

En todo caso, la presencia de Camacho en el *ring* convertiría a ésta en la elección más reñida de la historia moderna de México. Camacho no tendrá otra oportunidad, este año, para luchar por su ambición presidencialista. Pero Colosio no tendría mejor contrincante para hacer creíble su propia victoria. La democracia mexicana, sin embargo, no dependerá de unos cuantos hombres, ni siquiera de la limpieza de las elecciones, sino de toda una nueva cultura, la cultura de la sociedad civil, de las organizaciones no gubernamentales, las cooperativas y los sindicatos, los medios y las asociaciones, la parte participante de la sociedad, surgida desde abajo y desde la periferia. Esto toma tiempo. 1994 nos dirá cuánto: mucho, poco o ninguno.

Abril: Una llanura de sombras

El poeta David Huerta me comunica una bellísima línea de su padre Efraín Huerta: "Esta temerosa y vibrante llanura de sombras que es nuestra patria". Nada describe mejor a México en este momento. La muerte de Luis Donaldo Colosio tocó fibras que no creíamos tener. Este hombre bueno y decente se movía rápidamente en una dirección comprometida con la transición democrática. Colosio sabía que la limpieza de las elecciones en agosto era la única garantía, para él, de gobernar efectivamente y cumplir la reforma política tan dramáticamente rezagada —lo estamos viendo— respecto a la reforma democrática. El asesinato de Colosio nos ensombrece, nos duele, nos disminuye.

Su muerte debió dar pie a que su propio partido le rindiese un homenaje democrático, de acuerdo con el artículo 159 de los estatutos priístas: "En casos de fuerza mayor en que se haga necesaria la sustitución de candidatos de partido... el Comité Ejecutivo Nacional podrá convocar o autorizar que se convoque a una nueva convención de carácter extraordinario y de no ser posible por las condiciones políticas o por el eminente vencimiento de la fecha para el registro legal, dicho comité podrá designar a los nuevos candidatos".

Las excepciones no tuvieron lugar. La regla debió cumplirse. Los tiempos no exigían la precipitación, sino la reflexión. Era la oportunidad para que se manifestaran las personalidades y las corrientes de un partido que no puede reducirse a dos hombres y un fantasma. Sergio García Ramírez, Mario Moya Palencia, Alfredo del Mazo, Enrique González Pedrero, Fernando Gutiérrez Barrios, Bernardo Sepúlveda, Pedro Joaquín Coldwell, María de los Ángeles Moreno, Demetrio Sodi: el PRI no carece de abanderados más apropiados para la inmensa tarea de la transición democrática, que el candidato escogido —o designado— Ernesto Zedillo.

Se dirá que Colosio también fue señalado por el dedo. Pero muchos mexicanos pensaron que sería la última vez; y que la democracia, empezando, como la caridad, por casa, se manifestaría la próxima vez en el seno mismo del PRI. Dos "dedazos" en menos de cuatro meses son muchos "dedazos" para la ciudadanía en general y para los propios militantes priístas, tratados, una vez más, como borregos. Si así se trata a los partidarios del PRI, ¿cómo se tratará a la ciudadanía en general, qué garantías habrá de que los peores vicios del partido oficial no se extiendan, otra vez, al proceso entero?

En todo caso, Luis Donaldo Colosio se comprometió a fondo con la reforma democrática. ¿Lo hará su sucesor en la candidatura? Muchos lo dudan. Sus críticos lo describen como un tecnócrata helado, carente de imaginación política o de emoción popular. Su mirada, dicen, es la que Shakespeare atribuye a "los hombres peligrosos", "la mirada flaca, famélica" (Julio César). No sabe reír: ojalá no esconda colmillos: él mismo admite que los discursos no se le dan. En resumen: no tiene la gracia del gitano.

Lo importante, sin embargo, es conocer, en primer lugar, el compromiso de Zedillo con la reforma democrática; segundo, su capacidad para las lides políticas de un sexenio en que la prioridad será política y ya no económica; y tercero, la cuestión de si su elección sería creíble en la "tenebrosa y vibrante llanura de sombras" que hoy es México. En otras palabras, ¿le da la candidatura de Zedillo la oportunidad de ganar las elecciones a la oposición? Nada lo asegura. El PAN (centro-derecha) ha perdido muchas de sus banderas, arrebatadas y llevadas a la práctica por el gobierno de Carlos Salinas. Pero le queda la carta que le dio su popularidad perdida: la democracia. El PRD (centro-izquierda) es un partido heroico. Ha perdido a centenares de militantes, muertos en las evitables batallas postelectorales del sexenio salinista. Pero su candidato, Cuauhtémoc Cárdenas, un hombre no muy carismático aunque absolutamente decente, posee una extraña tendencia a negar sus propios éxitos políticos y a depender de la opinión de sus consejeros más extremistas.

Zedillo, por mal orador que sea, posee un as. Temo que esta vez las elecciones no se van a ganar en mítines o concursos de oratoria, sino en una novedad para México, aunque ya probada mundialmente: el debate televisivo. Cárdenas y el candidato panista, Fernández de Cevallos, pueden mezclarse mejor con la gente y hacer mejores discursos que Zedillo, pero éste posee el arma de la frialdad mental, la abundancia de argumentos y la evocación computarizada de datos y estadísticas necesarias para ganar el debate frío en un medio caliente: la televisión. Yo no simpatizo con las ideas que le conozco a Zedillo, su neoliberalismo a ultranza, su criterio monetarista y utilitario, su poca simpatía por la educación popular. Por algo, desde hace dos años su candidatura fue animada por un magnate mexicano que lo consideró el heredero del adalid conservador mexicano, Lucas Alamán.

Pero Zedillo sí posee la coherencia tajante de los conservadores angloamericanos que impusieron su filosofía militante en Inglaterra y en Estados Unidos gracias a la certidumbre del cruzado. Ronald Reagan hizo pedazos a Jimmy Carter, y Margaret Thatcher a los laboristas, como Zedillo, en México, puede vencer, en debate, a sus opositores e impresionar a un auditorio mayoritariamente urbano y requerido, a veces, de seguridad más que de cualquier otra cosa.

La oposición, sin embargo, tiene la oportunidad de aliarse, con o sin el PAN, en una candidatura capaz de darle la batalla al PRI en todos los terrenos, en la calle, en el campo, y en el estudio de televisión. Para ello se necesita un político superior a Zedillo, mejor

136

informado, mejor en el debate, más ducho en el uso de los medios modernos.

Los dos mejores sucesores de Colosio, Manuel Camacho Solís y Jesús Silva Herzog, se autoeliminaron porque jugaron mal sus cartas. Ellos habrían sabido conducir campañas con éxito no sólo para el PRI sino, dado el caso, para la oposición, para la nación y su futuro. Lástima. En cambio, una candidatura común de la oposición en torno al senador Porfirio Muñoz Ledo o, si abandonasen el PRI, en torno de otra de las figuras que antes mencioné, le daría a la campaña una altura, una resonancia y una credibilidad que dejarían atrás la "llanura de sombras" en que hoy vivimos los mexicanos.

A Demetrio Sodi le debemos la metáfora de la actualidad política mexicana: dos locomotoras en ruta a la colisión desastrosa el próximo 21 de agosto. Una es la locomotora del PRI, dispuesto a no perder el poder en México después de sesenta y cinco años de rectoría nacional. La otra es la locomotora del PRD, dispuesto a denunciar la victoria del PRI como un fraude más, aunque el más descarado, de una larga historia de irregularidades electorales.

Nuevamente, la credibilidad ocupa el centro del escenario. ¿Son tan firmes las reformas electorales llevadas a cabo, o en proceso de cumplirse, que eliminen la duda y obliguen a ambas partes —PRI y PRD— a reconocer triunfos y derrotas, incluyendo la pérdida, por el PRI, de la presidencia, o la aceptación, por el PRD, de una victoria priísta? Es insano que un sistema político sólo se juzgue democrático si el partido en el poder pierde. El chiste es que todos crean en el sistema democrático aunque el partido en el poder gane.

Sus defensores dicen que el padrón electoral mexicano es, actualmente, uno de los más perfectos del planeta. ¿Habrá tiempo de concluir la auditoría externa que así lo compruebe antes del día de las elecciones? La reforma electoral prevé topes para los gastos de campaña. ¿Alguien cree que el candidato oficial, Ernesto Zedillo, cuenta con recursos tan modestos como los de sus opositores, el perredista Cuauhtémoc Cárdenas y el panista Diego Fernández de Cevallos? Se afirma el acceso parejo a los medios de información. ¿Logrará Televisa, el gigante pseudo-monopólico de la televisión mexicana, dar pruebas suficientes de contrición democrática de aquí a agosto y abrirse realmente a la información y el debate oposicionista?

La ley establece delitos electorales y penas para quienes los cometan, entre ellos el uso de recursos oficiales en apoyo del candidato oficial. Sin embargo, no prosperó la denuncia del PAN contra el secretario de Agricultura, el *tiranosaurus rex*, Carlos Hank González, el más bello espécimen de nuestro Parque Jurásico, por haber usado los dineros y los membretes de su dependencia para organizar un desplegado informático de antiguos secretarios de Estado en favor de Zedillo.

Todas éstas son largas sombras sobre un proceso electoral que, para ser creíble, debe ajustarse puntualmente a los requisitos de la ley. El estado de derecho, sin embargo, no es favorecido por decretos apresurados que pretenden llenar vacíos de seguridad largo tiempo desatendidos.

El año se inauguró, si no con una falla de seguridad, al menos con un minueto de mutuas cortesías, como lo describió Gabriel Zaíd. ¿Sabía el gobierno de la existencia de una guerrilla en Chiapas y no hizo nada para no comprometer el paso del TLC por el Congreso de los Estados Unidos? ¿Midió la guerrilla sus tiempos para no estallar hasta que el TLC entrara en vigor el 1 de enero, evitando así ser acusada de manipulación por Ross Perot y la oposición norteamericana al TLC? Sea como fuese, Carlos Salinas obró con sentido común y visión democrática al renunciar, en Chiapas, a la represión sangrienta y optar, en cambio, por la vía de la negociación. Luis Villoro, en un memorable artículo en *La Jornada*, lo instó a ello. Recordemos este caso —no es el único— de valentía y de responsabilidad de un intelectual con nombre propio.

El camino de la paz ha dado dignidad a las comunidades indígenas y a los campesinos chiapanecos, ha replanteado el tema de la reforma agraria, no como reparto de tierras, sino como criterio de productividad, empleo y justicia, y le ha dado a la democracia mexicana su más amplia definición: para todos y desde abajo. La negociación encabezada por Manuel Camacho Solís ha llegado a un punto admirable aunque crítico: el que dispare el primer tiro en Chiapas habrá perdido la guerra. A todos nos corresponde en México, pensar seriamente qué nos falta hacer para que no haya más Chiapas, para que el recurso a la violencia no sea nunca necesario para los desesperados del país.

La respuesta no se encuentra, desde luego, en la *capitis diminutio* de las instituciones legalmente capacitadas para impartir justicia. Sin embargo, el asesinato de Luis Donaldo Colosio y los turbios laberintos en que se pierde la investigación del crimen, han despertado en el gobierno una paranoia por decreto que le resta credibilidad a la procuración de justicia, sumergiéndola bajo el peso de un mastodonte anticonstitucional, la Coordinadora de Seguridad, que hace increíbles las facultades de la Procuraduría General de la República, la Secretaría de Gobernación y aun las de la Defensa y Marina, restándoles la capacidad legal de coordinarse entre sí e imponiéndoles la cadena ilegal de un poder intermedio entre el presidente y sus secretarios de Estado.

Estos son factores que, en el caso de Chiapas, conducen a cierto optimismo pero que, en otros terrenos, nos llevan a un pesimismo apenas disfrazado por la ilusión de que la mano dura acabará por satisfacer a un hipotético partido mayoritario, el de la estabilidad. Pero, ¿puede haber estabilidad en México si las leyes no se cumplen, si la promesa democrática se frustra, si la búsqueda desesperada de la seguridad sólo desemboca en mayor inseguridad?

Los trenes se dirigen a alta velocidad hacia una colisión. Impedir el choque, impedir la violencia postelectoral el 22 de agosto, es algo que debe comprometer a todos los mexicanos de buena fe. El gobierno no tiene camino más efectivo que el cumplimiento estricto de la ley, el castigo a quienes la violan y el respeto a las manifestaciones pluralistas de la sociedad civil. Ésta, por su parte, posee la posibilidad de organizarse para ocupar el centro de la vía y decirle a tiempo a los conductores de los dos trenes: No nos arrollen. Bloques, alianzas estratégicas, delegaciones capaces de hacerse escuchar por los tres candidatos principales y por el presidente de la República. Voces de razón, de concordia y firmeza. Urgen más que nunca para que los trenes no choquen el 21 de agosto, y no entremos al periodo más conflictivo de la historia reciente.

Bloques, alianzas, movimientos que ayuden a centrar las opciones dentro de la ley, dentro del proceso electoral vigilado por la ciudadanía, dentro del debate democrático entre candidatos. Imaginación. La tenía Luis Donaldo Colosio y por eso supo concluir, días antes de su muerte, una alianza estratégica para la transición democrática con Manuel Camacho Solís. Los gritos contra éste el día del sepelio de Colosio desvirtúan la política democrática del malogrado político sonorense. Imaginación. La demostró Carlos Salinas de Gortari al responder al desafío chiapaneco con instrumentos de paz y negociación. Le hace falta volverla a demostrar en la fase aguda de la transición democrática. Hasta el 1 de diciembre de 1994, Salinas es el presidente de México, y sólo él. En ese periodo debe actuar como presidente de todos los mexicanos, no como jefe de un partido, una facción o una generación. Aún tiene tiempo —cien días— para pasar a la historia como el presidente de la transición democrática. Imaginación. La requieren los tres candidatos durante sus debates públicos. Hasta ahora, se han significado más por sus opacidades que por sus brillos. El debate les da la oportunidad de ofrecerles a los mexicanos lo que todos deseamos en este periodo de crisis y transición: un proyecto de nación que no excluya a nadie, una nación que abrace a todos. Imaginación. La requiere sobre todo la sociedad civil, sus organizaciones plurales, sus nacientes cuerpos, sus individuos representativos, sus esperanzas indomables. Si todo esto se reúne, para asegurar que el día de las elecciones los trenes no choquen, las locomotoras se detengan y en la estación todos podamos abordar el convoy de la democracia.

1. Me adhiero a la reflexión de Héctor Aguilar Camín: en este siglo, México ha vivido dos etapas históricas, la de la revolución armada y la de las instituciones revolucionarias. Nos hace falta pasar a la tercera etapa: la de las instituciones democráticas. Por supuesto, las tres etapas no se dan nítidamente sino que, como en todo proceso histórico, el pasado persiste en el presente y éste prefigura el porvenir. La voluntad de reforma radical se da desde las primeras leyes agrarias; la voluntad democrática ya es un hecho en las comunidades zapatistas. Todo esto en medio de la etapa armada, que a su vez se prolonga, ya dentro de la etapa institucional, con la guerra cristera y hasta los levantamientos de Escobar y Cedillo. Pero también en la etapa institucional, la voluntad democrática se manifiesta en la legislatura obregonista, en la campaña de Vasconcelos, en la continuidad de las luchas sindicales y agrarias y, finalmente en el parteaguas de 1968. Allí, la revolución institucional hace quiebra. La paradoja es llamativa: los hijos de la revolución le reclaman al gobierno de la revolución lo que ésta les enseñó a venerar: la revolución, la democracia, la justicia. A partir del 68, los gobiernos han intentado salvar al sistema más que reformarlo democráticamente. De hecho, nuestros presidentes han coqueteado con tres opciones: salvar al país, salvar al sistema o salvarse a sí mismos. En general, han optado por la segunda salida. En el peor de los casos, por la tercera. Y en el mejor, por engañarse creyendo que salvar al sistema era salvar al país. Creo que, hoy, el país ha decidido salvarse a sí mismo.

2. México hizo una revolución. Es la gran diferencia con el resto de América Latina. *Radicalmente*, fuimos a la *raíz* misma de los problemas que han impedido un desarrollo humano más justo en nuestro

continente: la tenencia de la tierra, la educación, la salud, las comunicaciones, la creación de infraestructura por un sector público vigoroso. Hasta la presidencia de Cárdenas, es posible observar cómo una distribución más o menos equitativa del ingreso permite a todos los sectores sociales avanzar. En seguida, la acumulación de riqueza nos lanza por los caminos que creíamos haber superado: acumúlese la riqueza en la cima y tarde o temprano descenderá hasta la base. Si no asiática, ha sido nuestra manera de acumulación primitiva latinoamericana. Una teoría económica sirvió para fortalecer las estructuras de la injusticia pero endulzando el acíbar con golosinas de bienestar: sustitución de importaciones, mercados estrechamente vigilados, empresarios altamente protegidos, clientelas cautivas, más las dosis adecuadas de educación, comunicaciones, salud. A la postre, el modelo CEPAL (por llamarlo de algún modo) no fue sostenible. El Estado creció desmesuradamente para atender a sus voraces clientelas: empresarios, obreros, campesinos, las fuerzas armadas, la banca extranjera. Empezamos a latinoamericanizarnos en la medida en que, como en todos los demás países nuestros, el Estado, al crecer, se debilitaba, incapaz de atender los reclamos de todos los sectores. Los sectores más insatisfechos eran los más débiles; sus aspiraciones podían aplazarse. Pero cuando los *shocks* sucesivos de la economía internacional —Vietnam y la ruptura del equilibrio económico norteamericano, Nixon y el abandono de las paridades sólidas, la transformación del sistema bancario internacional del desarrollo a la deuda, el surgimiento de la OPEP— nos impidieron satisfacer, no al campesino, sino al acreedor internacional, entramos en una fase crítica, de desplome y descenso compartidos, desde México hasta el Cono Sur. Nos hermanó la desgracia. En seguida, nos reconocimos en la vuelta a la imitación extralógica: reaganomía de nopal, thatcherismo de pericón, falta de imaginación para apuntar hacia un capitalismo con capítulo social y un equilibrio sano entre sector público y sector privado. Conocemos los fracasos del estatismo y del neoliberalismo. ¿Por qué insistir en ellos? Busquemos el equilibrio entre sector público y sector privado. ¿Cómo? Mediante el desarrollo del sector social, que es donde la América Latina muestra hoy su máximo vigor y que es la única base sólida para el desarrollo de instituciones democráticas. México ha dejado de ser excepcional en estos términos. Sólo sigue siendo excepcional en la medida en que sus instituciones políticas son una rémora para el desarrollo de la sociedad civil. Sin embargo, todos, en América Latina, tenemos que encontrar una identidad mayor entre la continuidad cultural, la dinámica social y las instituciones políticas.

3. Chiapas nos despertó de nuestra complacencia. Nos recordó todo lo que habíamos olvidado. Nos obligó a replantear la modernidad pero ahora en términos inclusivos, no exclusivos. Reveló sótanos insospechados de racismo en México. Puso en evidencia la infinita mala fe del cuasi monopolio de la televisión, Televisa y de su ogro misantrópico, el *Tigre* Azcárraga embruteciendo al "país de los jodidos". Dejó en claro que toda democracia es local, empieza en las aldeas y municipios y no requiere órdenes desde arriba y desde el centro.

Sin embargo, la insurrección local chiapaneca forma parte de tres revoluciones mayores: la revolución democrática de México; la revolución del trabajo en el mundo; la revuelta contra la marginación de millones de trabajadores, y la revolución política posterior a la guerra fría, que impide etiquetar todo movimiento por la justicia en América Latina como "comunismo" y exige identificarlo como lo que es: un problema real que nos corresponde a nosotros resolver, sin invocaciones aterradas a la intervención soviética y a la seguridad continental. Esta vez ¡Hasta Henry Kissinger ha entendido a Chiapas!

4. Yo espero que el 21 de agosto haya en México elecciones limpias, democráticas, transparentes, creíbles. Hay que abonarle a muchos actores esta posibilidad ahora sí real: a Marcos y sus huestes por habernos despertado; al presidente Salinas por haber respondido a los hechos de Chiapas con diálogo en vez de represión; al sacrificio de Luis Donaldo Colosio; al esfuerzo de Jorge Carpizo como secretario de Gobernación; a la buena fe de muchos sectores de los partidos para llegar a acuerdos básicos en cuanto a organización y verificación del proceso electoral. En cambio, han militado contra el movimiento democrático electoral, Televisa y sus informaciones escandalosamente amañadas; los sectores reaccionarios e impolíticos de los partidos, sobre todo el PRI y del PRD. Si el PRI comete fraudes y si el PRD insiste en que los hubo aunque el PRI haya ganado lealmente, tenemos otro guión enfrente: el de la violencia postelectoral y, acaso, el de la suspensión de los resultados y la designación de un presidente provisional para después del 1 de diciembre de 1994. Éstos son caminos oscuros. Espero que no sea necesario recorrerlos. Lo más probable es que el nuevo presidente será elegido por no más del 40 por ciento del voto, tendrá a un Congreso aún más dividido, deberá negociar parlamentariamente con las oposiciones, y deberá configurar un gobierno de unidad nacional. El círculo de gobierno se ha venido estrechando cada vez más en México. Es necesario ampliarlo. El Grupo San Ángel da una idea, precisamente, de la amplitud y riqueza de las clases políticas pensantes en el país.

5. La democracia no se agota en las elecciones. En México, democracia significa también limitaciones al poder ejecutivo (*checks and balances*), división de poderes, federalismo, impartición de justicia, educación, reforma fiscal, y respeto a las organizaciones sindicales, agrarias y de la sociedad civil.

(Por las preguntas: Danubio Torres Fierro)

El día antes del encuentro de futbol México-Italia en Washington, me entrevistó el diario *La República* de Roma para pedirme un pronóstico. Opiné que un empate uno a uno sería lo mejor para ambos países, golpeados, Italia, por los escándalos de la Tangentópolis, y México, por la catarata de sorpresas que se suceden desde el 1 de enero. Acerté.

En cambio, desde hace cuarenta años me equivoco fatalmente en adivinar quién será el próximo presidente de México. Pero esto, durante toda mi vida de adulto, ha consistido simplemente en adivinar quién sería el candidato del PRI escogido por el presidente de turno y asegurado, por las buenas o las malas, de un triunfo electoral aplastante. Bastaría enumerar algunas precandidaturas que me atreví a apoyar, para concluir que mi récord de predicciones es lamentable: Javier Barrios Sierra o Raúl Salinas Lozano en 1964; Mario Moya Palencia en 1976; Alfredo del Mazo en 1988. Sin embargo, sólo me opuse fervorosamente a un nombramiento, el de Gustavo Díaz Ordaz. Lo conocí personalmente en una tormentosa comida en casa de Elvira Vargas y luego, luego, lo cale psicológicamente. Su intolerancia provenía de una inseguridad básica. GDO suplía la ausencia de fuerza propia con el desplante y para sostenerlo debía echar mano de la fuerza ajena. Era, como se vuelve a decir hoy con peligrosa admiración, "echado p'alante".

El año pasado, deprimido no sólo por mis fracasos quirománticos sino por el ejercicio tedioso de la adivinanza, de plano me abstuve. Pero había algo más: sentí, por primera vez, que ya no iba a ser posible igualar los factores "candidato del PRI" y "presidente de México". Al menos en esta materia, mi bola de cristal volvió a funcionar.

La diferencia estriba, no en nuestros poderes de adivinación, ni siquiera en voluntades actuando desde arriba. El cambio ha sido desde abajo. Lo que impide ya igualar "candidato del PRI" y "presidente de México" es la sociedad civil mexicana, su capacidad de actuar, influir, hacerse presente. No mas imposturas, fraudes, *tapados*, tlatelolcos. Si en la mayoría de los países de América, Europa y Asia, y hasta en la Sudáfrica del *apartheid*, es posible que la ciudadanía se manifieste y traduzca su materia cultural, social, económica, en formalidad cívica, ¿hemos de ser los mexicanos la eterna, agobiante, singular excepción? ¿Como México no hay dos? ¿Quiromancia en México, democracia en el mundo?

Veo en la pantalla de televisión europea a nuestros excelentes jugadores. Son, que duda cabe, una imagen de lo mejor del país: jóvenes, enérgicos, imaginativos, tienen voluntad y tienen metas. Pero lo mismo se puede decir de un país que en todos los campos sobresale mundialmente. Trátese del Premio Nobel de Literatura para Octavio Paz o del éxito sin precedentes de la película y el libro *Como agua para chocolate*, trátese de la actividad musical de Eduardo Mata o de Carlos Prieto, de la arquitectura de Ricardo Legorreta o Diego Villaseñor, de la pintura de Cuevas o Toledo, del cine de Hermosillo, Ripstein o María Novaro, México tiene una cultura de alcance universal que traduce fielmente el extraordinario desarrollo social y económico del país.

Nuestra política, precisamente, no refleja ese desarrollo. Es una política separada de la sociedad. Es una sucesión de apuestas, ritos, muecas, alardes, loterías que se consumen en sí mismos, que terminan por no representar a nada ni a nadie. Zedillo puede darle grasa a todos los zapatos de la nación (excluyendo huaraches y pies desnudos, por supuesto) y Diego puede invitarles *chelas* a todos los aficionados taurinos de la República. El vodevil populista no los acerca al drama central: cómo hacer que coincidan, en fin, la sociedad civil y sus instituciones representativas.

Fue el dilema de España al morir Francisco Franco. La política era una cosa, la sociedad otra. La sociedad estaba viva, la política estaba muerta. Todos los actores políticos de España —el comunista Santiago Carrillo, el derechista Fraga Iribarne, el socialista Felipe González, el derechista Adolfo Suárez y el rey Juan Carlos como fiel de la balanza— pensaron en España, no en intereses partidistas; llegaron a los acuerdos de la Moncloa y le aseguraron a un país de tradición autoritaria una transición democrática. En vez de salir a coger gachupines, los mexicanos haríamos bien, ahora, en salir a imitar gachupines.

Bernardo Sepulveda evocó, con elocuencia, el tránsito español en la primera reunión de un grupo plural de mexicanos que pertenecemos a diversos partidos o a ninguno, pero que estamos no sólo preocupados sino ocupados en contribuir a que la elección del 21 de agosto en México sea democrática, creíble y sin secuelas de violencia. El Grupo San Ángel se presenta como parte de la sociedad civil, no como un todo ni como un grupo que pretende erigirse en juez supremo de la voluntad ciudadana, como descalifica Zedillo, precisamente, a las pluralidades actuantes. ¿Insiste el PRI, como lo hace desde 1929, en concebir al país sólo a través de la unidad monopolítica? Ésta ya es imposible, indeseable y, si se impone por la fuerza, mortal. El país no puede sobrevivir a un fraude, una sospecha, una ocultación mas.

Los grupos plurales que se han constituido y se constituirán en México cumplen una función positiva. Dan voz a inquietudes y deseos de la sociedad civil que los partidos, por diversas razones, no saben interpretar. Pero dan fe, asimismo, de que la sociedad civil, su pujanza, su concepto de la nación, la cultura, la economía, la justicia, van por delante del gobierno y de los partidos.

Se trata de un fenómeno universal. Las sociedades europeas ya no caben en sus partidos, los rebasan y a veces hacen estallar, como en Italia, el esquema partidista de los últimos cincuenta años. En los regímenes totalitarios, la pugna es mucho más tensa. Las energías encadenadas de Cuba o China, tarde o temprano, desatarán su fuerza y transformarán a sus países, no desde afuera con mascanosadas de Miami o torricelladas de Washington, sino como debe ser, desde adentro.

Con más flexibilidad que nosotros, los países del resto de la América Latina miran con inquietud y sobresalto la situación política mexicana. También ellos, pero en grados diversos, se encuentran en situaciones transitivas. Donde hay instituciones democráticas, los excesos de las políticas neoliberales pueden conducir, de todos modos, al estallido popular o al golpe militar. Del Caribe al Cono Sur, la pregunta es: ¿Cuánta pobreza soporta la democracia? Traducir las reformas macroeconómicas de los últimos años en realidades positivas de crecimiento con justicia, productividad, empleo, salario, vivienda, escuela y salud. Tal es, como lo ha venido diciendo desde hace mucho Patricio Aylwin en Chile y lo empieza a decir Ernesto Samper en Colombia, el desafío latinoamericano de este fin de siglo. Ya no se podrá responder con medidas autoritarias, centralistas.

Ya no se podrá sostener una política coherente sobre la incoherencia del fraude electoral. Como en la cultura, México debe, ahora, hacer que coincidan su sociedad y su política. De lo contrario, como a Maradona, nos van a sacar del juego.

El *post-mortem* electoral mexicano ofrece, en primer lugar, la tentación del análisis sicosociológico. País donde la familia cuenta más que la sociedad, México votó por su padre y por su madre: el Partido Revolucionario Institucional, suma casi partenogénica de nuestra ansia de amparo filial. No importa que nuestro padre nos azote o que nuestra madre ande en malos trotes. Qué chingados: son nuestro padre y nuestra madre, con todos sus defectos. Nos salvan de la orfandad. Ciñen, desde hace sesenta y cinco años, nuestro horizonte vital.

Ojalá fueran mejores, menos tramposos, menos violentos, más democráticos. Lo que no pueden dejar de ser—por lo visto—es "mi familia", la que distribuye puestos, golosinas, prebendas, filantropías, regaños, disciplinas, llamados al orden. ¿No sería ingrato que el campesino o el lugareño que por primera vez recibió una dádiva de Pronasol o Procampo, votase por la oposición?

¿Somos un país de vocación dinástica? Durante toda nuestra historia, hemos sido gobernados por la monarquía azteca desde 1312, luego, de 1521 a 1700, los Habsburgo nos pusieron la mesa (más el postrecito de otro miembro de la familia, Maximiliano, de 1862 a 1867). Los Borbones tomaron la estafeta dinástica de 1700 a 1821, y más tarde, Porfirio Díaz le dio al país un hogar tan sólido que más bien parecía una cárcel.

Eso duró treinta años. El PRI va a entrar, con su República Hereditaria, al año 2000.

El PRI nos subsume y hereda a todos. Héctor Aguilar Camín ha escrito con elocuencia sobre la necesidad de amparo de un pueblo desamparado y Octavio Paz de la paciencia infinita del mexicano. ¿Por qué, entonces, el relámpago súbito, la erupción imprevista, la revolución maderista a sólo dos meses de la celebración porfirista? ¿Acaso, como sugiere Aguilar Camín, por el sentimiento de desamparo cuando el techo desaparece, los cimientos se hunden y nos quedamos, tiritando, a la intemperie? Las revoluciones en México son un desesperado anhelo de orden y protección: el viejo techo se cayó, queremos uno nuevo... Pero es ese "pueblo paciente" el que define el instante del desamparo. Dos siglos de techo azteca, tres de techo español, y sesenta y cinco años de techo revolucionario institucional...

¿Voto del miedo? En nuestro año de vivir peligrosamente, el estallido chiapaneco, el asesinato de Colosio, las batallas de los narcos, la inseguridad personal creciente, la economía estancada, los milagros del TLC diferidos, todo ello, en vez de favorecer a la oposición, favoreció al PRI, a la familia, al amparo. ¿Es esta base suficiente para consolidar un viejo, un nuevo, un último gobierno priísta de aquí al nuevo milenio?

Por supuesto que no. Casi la mitad del país votó contra el PRI, por la oposición. Este hecho ilustra la división del país entre su impulso conservador, patriarcal, dinástico (más vale malo por conocido que bueno por conocer) y su paciencia agotada, su instinto bronco, su ideal político: la Democracia es el Tántalo mexicano, deseoso siempre del fruto que, al alcance de la mano, huye una y otra vez de nuestro tacto.

De allí dos tentaciones más. Una es la tentación triunfalista del PRI y su candidato. Otra es la tentación de violencia del PRD y el suyo. Triunfalismo y violencia, sin embargo, se complementan y olvidan la verdadera lección postelectoral de México que es, ni más ni menos, la de plantear y fortalecer una agenda de reformas políticas y sociales que nos salve del trauma irrepetible de este año. Las elecciones nunca más deben ser fuente de conflicto en México y si lo vuelven a ser el país puede estallar e identificar a los responsables del estallido.

Los grupos de la sociedad civil, como el de San Ángel y otros similares que deberían surgir, ahora más que nunca, en otras ciudades de la República, tienen la responsabilidad de plantear claramente y luchar por la agenda que destierre la doble tentación del triunfo cesáreo o de la violencia antonina. La democracia es un proceso, no un solo evento electoral. La agenda a sostener implica, lo sabemos todos, federalismo, división de poderes, contrapesos al presidencialismo, impartición de justicia, acceso a los medios de información, reforma fiscal y, por supuesto, elecciones limpias. Esto es lo que, en el gobierno y en la oposición, hay que llevar adelante para acabar con la tentación dinástica, la tentación del miedo y la tentación de la violencia.

Pero la democracia empieza en casa y nadie tiene responsabilidades mayores para hacerla viable que el gobierno y el partido en el poder. Es cierto: ellos han sido sus peores enemigos. ¿Se le pueden pedir peras al olmo? Lo cierto, también, es que no puede haber democracia en México si no la hay en el PRI. El dedazo o el dedillo no deben repetirse. El PRI debe elegir interna y libremente a sus candidatos para que surjan los mejores hombres y mujeres. Para eso, se requiere el cumplimiento de una promesa hasta ahora tan repetida como burlada: la separación del gobierno y el partido, el fin del partido de Estado. El incumplimiento de esta promesa, en años menos traumáticos que éste, le costará caro al gobierno y al partido.

Se requiere algo más en la situación poselectoral concreta. El esfuerzo de organización y transparencia del 21 de agosto, que recogió las demandas de vastos sectores sociales, fue maculado, de todos modos, por las inercias fraudulentas del aparato oficial, más la voluntad de fraude en múltiples casos y de múltiples instancias. La fiscalía electoral debe redoblar esfuerzos para aclarar y sancionar estos casos. Y si hay gobernadores que no cumplieron la orden pre-

153

sidencial de cumplir con la ley, deben recibir un castigo ejemplar. Hubo Quinas al principio del sexenio. Puede haberlas al final.

La tentación de la violencia persistirá, sin embargo, y su presencia plantea otro problema: el del destino de la oposición en México. Los brotes de violencia sólo fortalecerían la tendencia conservadora de la mayoría actual, pues si casi la mitad del país votó con la oposición, casi las cuatro quintas partes del país votaron por el centro derecha PRI-PAN. Este último triplicó sus sufragios de 1988 y es hoy el segundo partido nacional.

Pero las mayorías son fluidas y pueden moverse a la izquierda; pero sólo si la izquierda se mueve hacia el centro. Esto puede ofender nuestra virginidad teórica, pero no hay otra manera de hacer política sino robándole audiencia al PRI y al PAN. Esto va a requerir paciencia, pero menos sin violencia que con ella.

El PRD debe recrearse para combatir desde posiciones más cercanas al electorado a fin de debilitar al PRI-gobierno pero sobre todo para conquistar votos para una plataforma reformista que el PRI-gobierno no cumplirá sin la presencia de una oposición política de izquierda, no dogmática, no personalista, no resentida. No habrá democracia en México sin una izquierda política, inteligente, moderna, postcomunista. ¿Socialdemocracia? Así sea. El PRI ni a eso llega.

En la cima de su poder electoral en 1988, el PRD no supo negociar políticamente y emplear su fuerza de entonces para las crisis de ahora. Con berrinches no se hace política: ni Cárdenas en 1988 ni Camacho en 1993. Política es diálogo, negociación, sin perder un ápice de convicción o firmeza.

Si el PRI no se reforma, éste será su último gobierno. Si el PRD no se reforma, nunca llegará al gobierno.

Yo voté por Cuauhtémoc Cárdenas el 21 de agosto. Figura moral respetabilísima, el ingeniero tiene la integridad y el valor probados para ver la realidad y favorecer el avance de la izquierda en la que tan fervientemente cree. Ese avance pasa hoy por el rechazo de la violencia, junto con la firmeza para exigirle a las instancias legales que cumplan su papel poselectoral. Resistencia cívica contra los abusos del poder. Afirmación de la agenda nacional de aquí al año 2000. Rechazo del dogmatismo grupuscular (y crepuscular). La apertura y reorganización del partido en torno de sus elementos más racionales, equilibrados y constructivos.

La tentación de todos consiste, ahora, en hacer política, en contra de las fatalidades, miedos, arrogancias, triunfalismos, inercias y violencias de nuestra tradición. Creemos una nueva tradición moderna, incluyente y exigente, en primer lugar, para con nosotros mismos.

Septiembre: ¿Quién sigue?

El vil asesinato de Francisco Ruiz Massieu, secretario general del Partido Revolucionario Institucional, posee un poderoso efecto retroactivo: impide creer que el sacrificio de Luis Donaldo Colosio fue el acto aislado de un demente. Siempre me he mostrado reticente ante las teorías de la conspiración. Prefiero no creer en ellas, salvo prueba en contrario. Me veo obligado, ahora, a sumarme a la hipótesis sostenida por mi amigo Agustín Basave Benítez: debemos creer en la conspiración, salvo prueba en contrario.

Desde abril, durante un encuentro en la universidad norteamericana de Brown, Federico Reyes Heroles daba buenas razones para atribuirle la muerte de Colosio a un narcopoder ominoso, enmascarado, simbiótico con estructuras del gobierno y del PRI. La muerte de Ruiz Massieu parece confirmarlo. Abre todos los días más cloacas, más asociaciones delictivas, más tramas y complicidades funestas. Presagia algo que los colombianos conocen de sobra: la guadaña para todo aquel que se oponga efectivamente al reino de los narcopoderes.

En Colombia, sólo a partir de 1984, han caído Rodrigo Lara Bonilla, ministro de Justicia; Jaime Pardo Leal, líder de la UP (Unión Patriótica); Carlos Mauro Hoyo, procurador general de la República; Bernardo Jaramillo, Luis Carlos Galán y Carlos Pizarro Leongómez, candidatos a la presidencia; Álvaro Medina y María Díaz Pérez, jueces encargados del caso Escobar; Antonio Roldán Betancur, gobernador de Antioquia, y Guillermo Cano, director del diario *El Espectador*. Son ejemplos brutales. El lector puede formar su propio reparto mexicano. ¿Quién sigue?

Seré infidente: Durante la cena que el pasado mes de agosto tuvimos en la isla de Martha's Vineyard con el presidente Bill Clinton, Gabriel García Márquez expuso, con particular vigor, el argumento de su patria colombiana. ¿Por qué se persigue con tanto vigor a la oferta y se trata con tanta suavidad a la demanda? ¿Quiénes, en los E.U., reciben la droga de Colombia, lavan el dinero, la distribuyen diariamente a treinta millones de norteamericanos, compran a los abogados, a la policía, a los políticos? Seguramente hay narcobarones norteamericanos mucho más poderosos que cualquier traficante colombiano. Pero mueren quienes los combaten en Colombia, no en los E.U.

Bill Clinton le contestó a García Márquez que la ley anticrimen enviada por el presidente al Congreso y aprobada por éste después de un arduo debate, era el arma más segura para reforzar el combate contra la delincuencia señalada por el novelista. Todos los presentes conocíamos, por lo demás, la entereza con que Clinton ha defendido su legislación anticrimen. Es el primer presidente de los E.U. que se le enfrenta a la poderosa y temible NRA, la Asociación Nacional del Rifle que proclama un supuesto derecho constitucional de portar armas. El resultado es que en los E.U. las pandillas callejeras de adolescentes están mejor armadas que la policía...

¿Es casual que el asesinato del secretario general del PRI ocurra tres días después de que su hermano, el suprocurador general Mario Ruiz Massieu, anunció una vigorosa campaña contra el narcotráfico? ¿Lo es que, pocos días antes, los secretarios de Hacienda de México y de los E.U., Pedro Aspe y Lloyd Bentsen, hayan lanzado una *Operación cobra* para castigar efectivamente el lavado de dinero del narcotráfico?

Yo firmé, hace meses, una propuesta de García Márquez para despenalizar el uso de la droga y arrancarles así las uñas a los barones, como se las arrancó a los *bootleggers* norteamericanos la derogación de la Ley Volstead que prohibía, con funestas consecuencias, el consumo del alcohol. Hoy, ningún gobierno puede o quiere, todavía, acceder a esta razón. A la sociedad le interesa insistir en los motivos para acabar, en el nido, con la amenaza envenenada de todas las cobras del mundo.

Mientras tanto, la muerte de Ruiz Massieu interrumpe el proceso postelectoral mexicano, la puesta a prueba de los cauces legales para revelar y castigar irregularidades en la votación, la concertación de diálogos, la calificación misma de las elecciones. El crimen del 28 de septiembre vulnera por igual al gobierno saliente y al entrante.

Revela, también, un hoyo gigantesco en el centro mismo de los sistemas de inteligencia y seguridad mexicanos. ¿Alguien ha oído hablar de la Coordinadora de Seguridad encabezada por el licenciado Arsenio Farrell? Sin embargo, los requisitos de seguridad no deben, en ningún caso, dañar los requisitos de la libertad. A la larga agenda de la reforma democrática en México, se añade ahora esta prioridad: seguridad con libertad.

Y con justicia. Los acontecimientos que nos conmueven son responsabilidad, asimismo, de un aparato judicial notoriamente ineficaz, corrupto y lento. Nada atenta más contra la implementación del Tratado de Libre Comercio que la falta de confianza del inversionista extranjero en las tribulaciones de la justicia mexicana. Con razón, el Banco Mundial, en su informe restricto sobre las perspectivas mexicanas para los noventa, destaca y critica "las debilidades del marco jurídico comercial y de los mecanismos para resolver disputas que constituyen importantes limitaciones para el desarrollo del sector privado". El Banco añade que los procesos mexicanos son "largos, costosos e impredecibles", responsabilizando en parte a "un inaceptable nivel de competencia e integridad de los jueces".

Nuestro país, ante hechos tan graves, va a necesitar toda su capacidad política, intelectual, moral y jurídica para sobreponerse y salvar, en resumidas cuentas, el proyecto nacional. El sacrificio de Luis Donaldo Colosio y de Francisco Ruiz Massieu, si logramos vencer a sus enemigos, no habrá sido en vano.

Octubre: el tiempo inconcluso

El año de vivir peligrosamente aún no termina y nadie, en México, puede adivinar qué sorpresas nos esperan de aquí al 1 de enero de 1995. Una fecha domina todas las demás: el 1 de diciembre, previsiblemente, Ernesto Zedillo Ponce de León recibirá la investidura presidencial de parte de su predecesor, Carlos Salinas de Gortari. Pero aun esta previsión, certeza en México desde que Lázaro Cárdenas recibió la banda de manos de Abelardo Rodríguez en 1934, es hoy incierta. Demasiados peligros, de aquí al 1 de diciembre, se ciernen sobre la estabilidad política de México.

La cada vez más declarada alianza del narcotráfico con grupos de poder político es la más grave y visible; la disputa interna del PRI la precede, complica y acentúa. Por más declaraciones de unidad que haga el presidente del partido oficial, Ignacio Pichardo Pagaza, el país contempla sin anteojeras la pugna intrapartidista. Los grupos reformistas se oponen a los dinosaurios irredentos, temerosos de perder verdaderas cordilleras de poder surcadas por minas de oro, túneles de corrupción, cuevas de impunidad y cumbres de nívea y próspera respetabilidad. Como los zoológicos anticuados, el Parque Jurásico de la política nacional debe clausurarse; su sede es el PRI. Y si el partido en el poder no quiere, también, ser clausurado, debe reformarse. Los dinos y los narcos pueden lograr lo que, hasta ahora, la ciudadanía y los partidos de oposición no han podido: acabar con el PRI.

Ante el extremo de un estrepitoso derrumbe por guerra intestina, quizá México decida que necesita a un PRI, pero democrático y reformado. El país apoyará a los priístas reformadores. Tienen que actuar pronto, antes de que los priístas reaccionarios los liquiden —metafórica o físicamente. El Parque Jurásico actúa como si gozara de un derecho divino.

Gorgonas bizcas y boquichuecas, que espantan más por su fealdad que por su fiereza, guardan las entradas de las cavernas del Jurásico e intentan desprestigiar a los grupos de la sociedad civil que han surgido, numerosos, para llenar vacíos políticos y limitar con la espontaneidad ciudadana los vicios de una experiencia esclerótica, experta en corruptelas, que no en ciencia de gobierno.

Nada pone en peligro mayor a la República que la continuidad de los declarados defensores de una manera de hacer política ("la polaca") que cada vez separa más a las instituciones de las realidades sociales, económicas y culturales del país. El PRI, si no se reforma, es un obstáculo para la democratización del país, declaró hace poco el empresario Juan Sánchez Navarro. Y la democratización del país consiste, ni más ni menos, en una coincidencia creciente entre instituciones y sociedad.

Pero cuando miembros del partido oficial asesinan a miembros del partido oficial, hay que preguntarse: ¿qué representan éstos y qué, aquéllos? ¿Qué movía a Colosio y a Ruiz Massieu, y qué a sus asesinos? ¿Bastó el discurso colosista del 6 de marzo, el más reformista y democrático que haya pronunciado un candidato del PRI a la presidencia, para asegurar su desaparición el 23 de marzo? ¿Bastó la disposición negociadora de Ruiz Masiseu al frente de la futura bancada priísta en la cámara baja, para sellar su suerte?

Al lado de la responsabilidad oficial de investigar a fondo estos aberrantes delitos, existe una responsabilidad nacional, paralela a aquélla, y a la cual ningún ciudadano puede sustraerse. Ante todo, nos corresponde asegurar la vigencia del orden jurídico. En seguida —consecuencia del primer deber— exigir seguridad sin mengua de la libertad. En tercer lugar, levantar la tribuna de un gran diálogo de las fuerzas políticas y sociales de todo el país, de los partidos a las asociaciones ciudadanas, pasando por sindicatos, cooperativas, organismos empresariales, medios y universidades, a fin de decir en voz alta lo que nos une y lo que nos distingue, establecer sobre esa base una lista, mínima pero clara, de las prioridades de la nación y nuestra voluntad común de superar los desafíos del crimen, la corrupción y la impunidad. El país tiene que representarse a sí mismo, abierta, claramente, como lo pide el gran poeta Jaime Sabines, frente a los poderes ocultos, topos, narcos, oligosaurios.

La división interna de los partidos es útil cuando, como en los casos del PAN y el PRD, se trata de renovar para competir mejor y contribuir más. En el caso del PRI, quienes desean el cambio son blancos inmediatos de la eliminación física. ¡Qué descomposición tan avanzada, tan peligrosa y sin embargo, tan fácil de extirpar!

¿Cómo? Mediante la negociación abierta, pública, no cupular, de las fuerzas que quieren democracia real para México —incluyendo, ya lo hemos visto, a la parte reformista y progresista del PRI, legitimada por sus mártires. Lo mejor del PRI puede y debe trabajar con lo mejor del PAN y del PRD. El país clama por identificar sus prioridades y asociarlas tanto a la vida ciudadana como al programa del nuevo gobierno.

Noviembre: el año terrible

La catarata de acontecimientos imprevistos en el año 1994 —año terrible, para parafrasear a Víctor Hugo— confirmó la tesis, igualmente alarmante, de Miguel Basáñez: desde 1968, no hay final de sexenio feliz. Díaz Ordaz —las secuelas de Tlatelolco—; Echeverría —secuestros, guerrillas, devaluación, el evitable y mal manejado caso *Excélsior*—; López Portillo —deuda, frivolidad—; De la Madrid —la persistencia de la crisis económica, los desprendimientos priístas, las elecciones cuestionadas— confirmaron la regla.

Carlos Salinas de Gortari parecía la excepción: todo le había salido bien. El 1 de enero de 1994, la rebelión chiapaneca inició una reacción en cadena de hechos sorpresivos: asesinatos políticos de una magnitud desconocida en México desde la muerte de Álvaro Obregón en 1928 (el año de mi nacimiento), secuestros, asociaciones delictivas, simbiosis de narcotráfico y política, corrupción e incompetencia judiciales, rumores, complicidades, personalismos fallidos, vacíos de seguridad.

Que a pesar de ello el país pudiese celebrar elecciones pacíficas, creíbles aunque imperfectas, con mayor independencia que antes de los organismos electorales, con consejeros ciudadanos ejemplares, numerosos observadores imparciales (no tantos ni de tanta calidad como era de esperarse) y con una participación ciudadana masiva, se debe sobre todo a la acción decidida y multifacética de la sociedad civil y sus agrupaciones, de la Alianza Cívica al Grupo San Ángel. Se debió también a la voluntad, tardía pero bienvenida, del presidente Salinas.

Sin embargo, no debe haber triunfalismo alguno. Cada mejora política alcanzada viene acompañada de un defecto persistente. La mayoría de los avances logrados fueron resultado de negociaciones políticas surgidas por hechos imprevistos como la rebelión en

Chiapas o el asesinato de Colosio, no de una auténtica reforma electoral. Ésta sigue pendiente. Los acuerdos entre partidos, los Veinte Compromisos para la Democracia, la palabra de los candidatos en la pasarela de San Ángel, no constituyen ley.

Las elecciones del 21 de agosto pudieron ser tan nulificables como alega Cuauhtémoc Cárdenas, supongo que con pruebas en la mano; tan viciadas en su raíz misma —la confección del padrón electoral denunciada por Fernando Bazúa— o tan inequitativas como lo señala Santiago Creel Miranda, estrella ascendente de una nueva política basada en la buena fe, la decencia y la ley.

Escribo estas líneas finales de mi *Diario del 94* antes de la calificación final de la cada vez más disputada jornada electoral del 21 de agosto. De esa disputa, me quedo con los argumentos que la señalan, al fin y al cabo, como una elección inequitativa. Santiago Creel tiene razón: se lograron avances, pero éstos fueron producto de "acuerdos políticos informales, tomados en condiciones de emergencia" que no lograron, sin embargo, sanear unos comicios que no fueron equitativos y en los cuales "persistieron las irregularidades".

Estas son razones poderosas, esgrimidas por Creel, para plantear la urgencia de una nueva reforma electoral que consolide los avances logrados y no dé lugar, nunca más, a las persistentes disputas postelectorales que llevan agua a muchos molinos políticos, pero que, sobre todo, dejan abierto un espacio de incertidumbre, aventurerismo, ambición y, como lo comprueba el asesinato de Ruiz Massieu pero también el de varios centenares de militantes perredistas, del crimen.

Santiago Creel hace ver que el proceso electoral requiere de amplias mejorías pues "el expediente de este tema aún no se cierra, y en tanto no se cierre, va a ser muy difícil procesarlo y obtener los consensos necesarios para llevar a cabo una reforma política de fondo". En ausencia de consensos traducidos a ley, tendremos una secuela interminable de conflictos postelectorales que sólo benefician a los reaccionarios de todos los partidos, conducen a dirimir los conflictos mediante la venganza y el crimen, y crean vacíos políticos que nunca permanecen vacíos por largo tiempo: los llenan los dinos y los narcos, los intereses económicos y la fuerza armada, no la democracia.

El nuevo presidente, en estas circunstancias, debe proponer un gobierno tan amplio como el programa democrático de la nación entera. Los grupos cada vez más reducidos que han gobernado al país durante los últimos doce años han asegurado, quizás, eficiencias relativas y aun éxitos macroeconómicos. El precio político, lo hemos visto, ha sido enorme. Múltiples voces, tendencias, aportaciones que pudieron evitar los descalabros, fueron satanizadas por los sacerdotes de la pura eficiencia macroeconómica, los chicos del pizarrón: la tecnocracia de la cual emerge el propio, y virtual presidente electo, Ernesto Zedillo.

México es un país generoso y jamás le ha negado a un presidente entrante el beneficio de la duda. Un ejemplo socorrido es el de Manuel Ávila Camacho. En 1940, el general teziutleco llegó a la presidencia vulnerado por unas elecciones sospechosas y una personalidad desdibujada. Sucedía a uno de los jefes de Estado más fuertes (y acaso el único dotado de verdadera grandeza en lo que va del siglo): Lázaro Cárdenas. Ávila Camacho suplió estas debilidades con un gabinete de una amplitud tan representativa como eficaz. De la derecha abelardista (Francisco Xavier Gaxiola) a la izquierda agrarista (Javier Rojo Gómez); un gran técnico de las finanzas públicas (Eduardo Suárez), un técnico insuperable de la negociación política (Miguel Alemán) y un gran profesionista de la asistencia pública (Gustavo Baz); un antiguo procurador callista (Ezequiel Padilla), un veterano militar obregonista (Pablo Macías) y un íntimo colaborador cardenista (Ignacio García Téllez). El izquierdista Isidro Candia, el centrista Marte R. Gómez, el derechista Víctor Fernández Manero, y un educador emérito: Jaime Torres Bodet.

Ernesto Zedillo no tiene por qué formar un gabinete con cuotas partidistas, pero sí puede formar un gobierno en el que el mérito y la representatividad le hagan sentir al país que su pluralidad se encuentra presente y sus negocios serán atendidos con seriedad, profesionalismo y patriotismo. La democracia mexicana vendrá desde abajo y la definirán, diariamente, los municipios, las organizaciones de la sociedad civil, el sector social destinado a ser el fiel de la balanza entre los sectores público y privado, en tren de redefinición.

Toda una agenda, asimismo, está por definirse estableciendo prioridades nacionales inaplazables. La composición del nuevo gobierno hablará volúmenes sobre su capacidad para cooperar en la gran tarea de la nación —o para obstaculizarla, con resultados, en este caso, fatales para la nación y para el gobierno.

Ningún nuevo gobierno llega sin compromisos al poder. Es mejor asumirlos conscientemente que sufrirlos ciegamente. Pretender, como en el cuento de Augusto Monterroso, que los dinosaurios son un sueño, asegura que, al despertar, sigan allí. El feroz patrimonialismo de los "emisarios del pasado" debe ser explícitamente neutralizado: su tiempo ya pasó, son un obstáculo para el desarrollo nacional. En cambio, los reformadores priístas —los herederos de Colosio y Ruiz Massieu— deben ser alentados.

Pero aun estas buenas orientaciones internas deben externarse mediante la gran negociación pendiente, el pacto entre todas las fuerzas políticas, la Moncloa mexicana, la agenda y las prioridades que pueden identificarnos a todos sin que nadie pierda principios, autonomía o perfil: hay una transición poselectoral porque la elección no pudo —ni debió— agotar la agenda pendiente, el acuerdo posible a pesar de que no hubo alternancia en el poder— o, quizás, debido a ello.

No hace falta quebrar el esquema estructural de la reforma económica de Carlos Salinas para acordar, también, una política deliberada para reducir desigualdades, crear las infraestructuras necesarias para acelerar el crecimiento y aumentar el empleo —obras públicas, educación, salud, vivienda—, incrementar el ahorro, reducir las tasas de interés interno, liberar las fuerzas de la organización social y ampliar el acceso a la información.

Salgamos para siempre del Parque Jurásico. No nos esperan los Campos Elíseos, pero tampoco la llanura de sombras. Nos espera, ni más ni menos, la comunidad, la ciudad, la *polis* que es ágora política y acrópolis cultural: un país mejor, más vivible, más preparado para ingresar a un siglo nuevo y a un nuevo milenio.

Ejército Zapatista de Liberación Nacional,
México 27 de junio de 1994.

Para: Carlos Fuentes
        México.
De: Subcomandante Insurgente Marcos.
        Montañas del Sureste Mexicano Chiapas
        México.

"*De inmediato se perciben varias tensiones. Una es la continuidad de la lucha social en México: la revolución mexicana (...) en realidad comenzó un día después de la caída de los aztecas ante el conquistador Hernán Cortés. La segunda es la tensión, dentro de esa continuidad, entre el dinamismo de la modernización y los valores de la tradición. Esto implica, en cada etapa de la historia de México, un ajuste entre el pasado y el presente cuyo rasgo más original es la admisión de la presencia del pasado. Nada parece estar totalmente cancelado por el futuro en la experiencia mexicana: formas de vida y reclamos legales que datan de la época de los aztecas o de los siglos coloniales son aún relevantes en nuestros tiempos.*

(...) Casi setenta años después de la muerte de Zapata, México enfrenta de nuevo una crisis y la necesidad de un cambio. Un enorme desarrollo ha tenido lugar simultáneamente con una gran injusticia. Otra vez México debe buscar las soluciones a su modernización económica en la modernización política. La sociedad, como en 1910, ha rebasado a las instituciones. Pero, una vez más, la modernización no puede alcanzarse a costa de las pequeñas comunidades agrarias, el mundo olvidado de Villa y Zapata (...) si México ha de lograr un crecimiento constante, debe, al menos, permitir que el poderoso Estado central entienda el pacífico desafío de autogobierno que se plan-

tea desde abajo. El aspecto cultural se convierte una vez más en relevante, ya que la continuidad de la historia de México implica un esfuerzo para admitir la presencia del pasado, uniendo la tradición con el desarrollo".

Carlos Fuentes. Prólogo a *El México revolucionario*, de John Mason Hart, Alianza Editorial Mexicana, México, 1990.

No sé cuándo haya escrito usted esas líneas, pero bien valen para este año que nos persigue.

Por causas y azares diversos me veo a mí mismo escribiéndole a usted esta carta. Me veo a mí mismo buscando las palabras, las imágenes, los pensamientos necesarios para tocar en usted lo que de pasado y futuro sintetiza su quehacer cultural y político.

Me veo a mí mismo en el empeño de convencerlo a usted de que esa nueva crisis y esa necesidad de cambio, que acarician y cohíben en el aire mexicano, necesitan de su mirada, de su palabra. Me veo a mí mismo sin rostro, sin nombre, dejando a un lado armas y toda la parafernalia militar que nos oprime, tratando de hablarle de hombre a hombre, de esperanza a esperanza.

Sé bien los temores y desconfianzas que arrancan nuestros pasos desde el amanecer del año, sé bien los escepticismos que provocan nuestro torpe discurso y su anonimato, nuestras armas y el despropósito de hacernos, a tiros, un lugar en eso que los libros de texto escolar alguna vez llamaron "PATRIA".

Pero debo hacer todo lo posible para convencerlo a usted de que, para que las armas callen, deben hablar las ideas, y deben hablar fuerte, más fuerte que las balas. Debo convencerlo a usted no sólo de que no podemos, solos, sostener esta bandera que, con sangre indígena, volvió a ondear sobre nuestro suelo. Debo convencerlo, además, de que no queremos sostenerla solos, que queremos que otros, mejores y más sabios, la alcen con nosotros. Debo convencerlo de que, a la larga noche de ignominia que nos oprimió todas estas décadas, ("¿Cómo va la noche?" pregunta Macbeth, y Lady Macbeth sentencia: "En lucha con la mañana, mitad por mitad"), no se sigue necesariamente un amanecer, de que a la noche bien puede seguirle otra noche larga si no le damos término, con la fuerza de la razón, ahora.

Sé que suena paradójico que una fuerza armada, anónima e ilegal, esté llamando al fortalecimiento de un movimiento civil, pacífico y legal para lograr la apertura definitiva de un espacio democrático, libre y justo en nuestro país. Sé que puede parecer absurdo, pero coincidirá usted conmigo que si algo distingue a este país, a su historia y sus gentes, es esa absurda paradoja de contrarios que se encuentran (chocando sí, pero se encuentran), en pasado y futuro, tradición y modernidad, violencia y pacifismo, militares y civiles. Nosotros, simplemente, en lugar de tratar de negar o justificar esta contradicción, la hemos asumido y la hemos reconocido y tratamos de subordinar nuestro andar a su no tan caprichoso dictado.

En fin, yo lo que quería era invitarlo a usted a la Convención Nacional Democrática. Sí, una convención de civiles, convocada por militares (revolucionarios, pero militares al fin). Sí, una convención pacífica, convocada por violentos. Sí, una convención que insista en la legalidad convocada por ilegales. Sí, una convención de hombres y mujeres con nombre y rostro, convocada por seres de rostro negado e inombrables. Sí, una convención paradójica, coherente con nuestra historia pasada y futura. Sí, una convención que levante las banderas que ya ondean en tierras ex-tranjeras y se niegan a nuestro suelo, las banderas de la democracia, la libertad y la justicia. Eso quería yo, invitarlo a que asista usted. Nosotros tendríamos gran honor en recibirlo y todos en escucharlo.

No podemos decir mucho de nosotros para responder a razonables dudas, sólo le decimos que somos mexicanos (como usted), que queremos democracia (como usted), que queremos libertad (como usted), que queremos justicia (como usted). ¿Qué de malo tendría un encuentro entre mexicanos así? ¿Absurdo y paradójico? Lo sé, ¿hay algo que no le sea en este país?

Vale, señor Fuentes, sentimos que no podemos dar este paso sin haber, cuando menos, intentado darlo junto a mexicanos como Carlos Fuentes. Ignoro si logré invitarlo, mucho menos si logré convencerlo. Sé también que, deseando asistir, podría no tener usted tiempo de darse una vuelta por esta esquina mexicana. Como quiera que sea, salud al hombre de letras, al diplomático, al científico, pero, sobre todo, salud al mexicano.

Desde las montañas del Sureste Mexicano
Subcomandante Insurgente Marcos.
México, junio de 1994.

5 de julio de 1994

Para el Subcomandante Marcos,
en las montañas de Chiapas.

Estimado amigo:

Su carta me obliga a múltiples reflexiones. La primera es el debate sobre lo viejo y lo nuevo, la tradición y la modernidad, que cita usted de arranque.

La primera deuda que yo tengo con ustedes es que nos hicieron pensar de nuevo qué entendemos por modernidad. ¿Una modernidad excluyente, que deja a la vera del camino a quienes no son capaces de sumarse a la carrera hacia el progreso? Pero a su vez, ¿qué es el progreso si no hace progresar a la mayoría de los ciudadanos de un país? ¿Y qué es el progreso sin la tradición que lo nutra? ¿Puede haber futuro vivo con pasado muerto? ¿O debemos repensar una modernidad incluyente, que no deje fuera ninguna aportación posible para un futuro verdadero, es decir un futuro cargado de pasado, de experiencia, de memoria?

La insurgencia chiapaneca ha provocado reacciones feroces en muchos medios mexicanos. He escuchado voces que dicen: "Los indios son un obstáculo para el progreso y la modernidad". El corolario inevitable: "hay que exterminarlos". Con humor macabro, oí a una persona decir: "En México sobran cincuenta millones de personas. Si sólo fuéramos treinta milloncitos, ya seríamos un país del primer mundo".

Ustedes han venido a recordarnos que nuestra modernidad los incluye a ustedes. No como imitación de nosotros, sino como ustedes mismos, como lo que ustedes son. Las culturas indígenas de México quizás estén destinadas a desaparecer en el proceso mayor del mestizaje. Pero mientras eso ocurre, si es que ocurre, y en la medida en que vaya ocurriendo, hay que respetar culturas que son nuestras porque viven con nosotros, aportándonos valores que acaso sean superiores, y sin duda son necesarios, para enriquecer nuestra menguada idea de la modernidad y el progreso.

Fernando Benítez, a quien usted debería invitar también, lo ha visto mejor que nadie. Las culturas aborígenes de México le dan un valor al mundo ritual y mítico, a la muerte, al cuidado de la naturaleza, al sentido de la comunidad y a la capacidad de autogobierno, que quizás nuestra modernidad a medias requiera para ser un poco más completa.

Ustedes han completado nuestra modernidad: nuestro vivir con más plenitud en el presente. Completan también nuestra idea del progreso. Ustedes me

172

han hecho ver que hay dos realidades chiapanecas y, por extensión, nacionales. Hay la comunidad histórica, humillada desde hace quinientos años, a donde llegó, para quedarse, la conquista, pero nunca pasó, sino como ráfaga, la Revolución. Chiapas de la explotación y la miseria seculares ha hablado.

Pero también ha hablado, con una intuición extraordinaria, un Chiapas del futuro, inserto en uno de los problemas más agudos de la llamada "aldea global". Ustedes se dieron cuenta —y su intuición, lo repito, me abre los ojos— de que muy pronto, en un proceso de integración mundial que, dejado a la mano de Dios, sacrifica sin pestañear a millones de trabajadores en aras de la eficiencia, la productividad y los beneficios para unos cuantos, ustedes, los explotados de Chiapas, iban a ser algo peor que explotados. Iban a ser marginados, olvidados, dejados a su suerte.

Con razón la extraordinaria periodista Alma Guillermoprieto ve en ustedes pioneros, hombres y mujeres de frontera, vanguardia que, antes que nadie en México, ha dado la voz de alarma: Cuidado. Vamos de la explotación a la marginación. La explotación, al menos, genera salario. La marginación sólo genera abandono y muerte.

Alguien tenía que levantar la voz, presentar las peticiones, unir los reclamos ancestrales a los más modernos. La tierra pero también el crédito, la tecnología, la escuela, el transporte, el acceso a los mercados y sobre todo la justicia, la impartición de justicia, el fin de ese desolador sentimiento de que, en México, la justicia carece de techo.

Todos estos reclamos, hace unos cuantos años, habrían sido marcados con el fierro candente del anticomunismo. Ustedes son los primeros actores del poscomunismo en el Tercer Mundo. Sus aspiraciones ya no pueden ser ocultadas o pervertidas como parte de una conspiración soviética mundial. Sólo los náufragos de la guerra fría, que se han quedado sin ene-

173

migos maniqueos, pueden creer esto. Ahora, los problemas sociales hay que enfrentarlos sin excusas ideológicas. En 1968, Díaz Ordaz exterminó en nombre del anticomunismo a los estudiantes; los problemas de México eran quimeras, inventos de "los filósofos de la destrucción". En 1994, Salinas de Gortari admite que los problemas de México son responsabilidad de los mexicanos y en vez de exterminar, dialoga. Denle por lo menos este reconocimiento a Salinas y abandonen su absurdo reclamo de que renuncie. La ruptura de los tiempos constitucionales no beneficia a nadie, salvo a los dinosaurios del PRI.

Es más: ustedes nos dijeron a todos los mexicanos que las aspiraciones de sus comunidades sólo podían obtenerse mediante el ejercicio de la democracia. Y la democracia siempre es, ante todo, local. Ustedes tienen el derecho de elegir a sus compañeros, a sus amigos, a las personas que merecen su confianza. Ustedes no tienen por qué sufrir la humillación de que el centro autoritario les imponga gobernadores cuya misión es apoyar a quienes los explotan a ustedes en Chiapas.

Todo esto les debemos y algo más: Habernos recordado todo lo que habíamos olvidado. Incluso el olvido de nosotros mismos.

¿Tenían ustedes que tomar las armas para lograr todo esto? Yo insistiré en que no. Yo insistiré en que se sigan hasta agotarse las vías del derecho y cuando se agoten, buscar nuevas vías políticas. La política y el derecho, si se ejercen con imaginación, son inagotables. Ustedes, me parece, tienen la prueba en la excelente gestión de Manuel Camacho Solís como Comisionado para la Paz en Chiapas. Negar el éxito de su misión es negar el éxito de la vía política y reabrir, peligrosamente, la tradición de la política oficial en Chiapas, la represión.

¿No tenían ustedes más camino que las armas? Yo insistiré en que sí. Pero yo no soy un campesino indígena chiapaneco. Quizás no tengo la claridad mental o la experiencia necesarias para meterme en la piel de ustedes y sentir lo que ustedes sienten. Ya lo ha dicho, estupendamente, Carlos Monsiváis: "Cuando los débiles se rebelan, lo llamamos violencia. Pero cuando los poderosos ejercen la violencia, lo llamamos impunidad". Yo voto porque nuestro país encuentre vías que cierren el paso a la violencia, que no hagan necesaria una acción como la que ustedes iniciaron el 1 de enero.

Ya no vale discutir si pudieron ustedes seguir otro camino. Es como ponerse a discutir si debió o no llover anoche o si esta mañana salió el sol. Lo importante, señor subcomandante, es sumar fuerzas ahora para que la vía que ustedes eligieron no tenga que repetirse. Pero ello, lo sabemos ya todos, implica una mutua responsabilidad política: democracia en Chiapas para que haya democracia en México y democracia en México para que haya democracia en Chiapas.

No tiene usted que convencerme: hay que unir fuerzas para lograr el objetivo de una elección democrática y creíble el 21 de agosto a fin de que no haya secuelas de violencia el 22 de agosto. Habla usted de una convención ciudadana con propósitos democráticos y sumando esfuerzos de la sociedad civil.

Hoy, señor subcomandante Marcos, tiene usted una oportunidad que rebasa con mucho la muy cordial invitación personal al diálogo que me hace en su carta. Yo formo parte de un grupo plural de mexicanos y mexicanas distinguidos, miembros de partidos o sin partido, que nos hemos propuesto plantear el peligro de confrontaciones violentas y evitarlas mediante el estricto apego al espíritu y a la ley de la democracia.

Yo le sugiero muy cordialmente que extienda la invitación personal que me hace, a otros miembros del grupo plural que la prensa ha dado en llamar "Grupo San Ángel" y que, estoy seguro de ello, abrirán con usted y con los suyos, campesinos e indígenas chiapanecos, nuevas vías de avance político, de comprensión y concordia, de democracia viable, de progreso mayoritario y de modernidad incluyente.

Carlos Fuentes

REGRESO AL HOGAR

"You can't go home again..."
Thomas Woolf

1. Mi casa hispanomexicana

En 1936, España fue abandonada. Mientras los aviones alemanes llegaban a Marruecos en julio y los italianos a Mallorca en septiembre, las democracias europeas, Inglaterra y Francia, declaraban su política conjunta de no intervención en agosto.

Este emparedado de la irresponsabilidad y de la renuncia, verdadero sandwich neutralista, cuyo eco actualísimo se escucha hoy en Sarajevo, culminó en Munich, y naturalmente, en la guerra mundial.

Pero México nunca abandonó a España. México estuvo al lado de España y su pueblo, de España y su cultura, de España y su democracia posible. De España y su revolución, en el sentido que María Zambrano le dio a esta controvertida palabra. "La revolución —escribió la filósofa andaluza— toda revolución, hasta ahora no ha consistido sino en una anunciación —y su vigor se ha de medir por los eclipses y caídas que soporta".

En el calvario de España, México abrazó el cuerpo caído y le ofreció el amparo de su propio suelo a decenas de miles de españoles. Trató de llevarle luz al mundo eclipsado de España; y, después de la guerra, mantuvo abiertos los brazos e iluminada la estrella de

177

una España libre y democrática: la España que anunció, al fin y al cabo, la República.

Siempre he pensado que la diferencia entre la dictadura de Franco y la Hitler es que el nazismo logró secuestrar a la totalidad de la vida cultural alemana, sin dejar espacio o voz que no fuesen prohibidos, exterminados o exiliados, en tanto que la dictadura de Franco, a pesar de sus esfuerzos de intimidación, represión y en muchos casos, muerte, no pudo eliminar por completo a la cultura española. Ésta, en buena parte, se mantuvo en España misma, a veces bajo tierra, y desarrolló un lenguaje de Esopo, fórmulas de continuidad democrática, estrategias de resistencia y simbolismos que pronto se advirtieron en las obras de Blas de Otero y José Hierro, los hermanos Goytisolo, los novelistas García Hortelano y Sánchez Ferlosio y cineastas como Berlanga y Bardem. Todos ellos anunciaron un futuro mejor para España, abrazaron su cuerpo caído, prendieron fogatas en el camino del dolor.

Pero en otra, vasta medida, el abrazo, la luz, la fe en que lo anunciado ocurriría, tuvieron lugar en el exilio español y, sobre todo, en el exilio mexicano. Exilio, sin embargo, viene del latín *exsilare*, arrojar afuera, y en México la emigración política española jamás estuvo fuera, ni de España, ni de México. El milagro de este exilio es que los españoles en México siempre estuvieron amparados, presentes, integrados a dos patrias: España y México; España en México, México en España.

Hace cuarenta y cinco años, mi padre, Rafael Fuentes, en representación de la cancillería y el gobierno mexicanos, inauguró el Ateneo Español de México. El secretario de Relaciones Exteriores era don Manuel Tello; hoy lo es su hijo. Qué bueno mantener esta continuidad de la relación profunda de México y España. Los hijos siempre defendiendo el amor a España.

Celebramos entonces cuanto aquí llevo dicho, y algo más. La hispanofobia de algunos sectores de nuestra sociedad, alimentada primero por la Conquista, enseguida por la Independencia, no pudo sostenerse más a partir de la emigración republicana. Los españoles que llegaban a México no eran ni Pedro de Alvarado ni Calleja del Rey; ni siquiera eran don Venancio; sino lo mejor de una cultura que nos obligó a decirnos a los mexicanos: esto es parte de nosotros, y si no lo entendemos, no seremos nunca completos, no seremos nunca nosotros mismos, mexicanos de cuerpo entero y, sobre todo, de alma entera.

Confieso que vencer los prejuicios antiespañoles en México no es cosa fácil. La Conquista no acaba de ser vista ni como una derrota compartida, la del mundo indígena ciertamente, pero la de los conquistadores en tanto hombres nuevos, renacentistas, europeos, también; ni como lo que al cabo es: el preludio de una contraconquista en que el mundo nuevo merece su nombre pues lo hacen europeos, indígenas y africanos bajo el signo de un mestizaje que no dio cabida a las repugnancias e hipocresías del mundo anglosajón.

Caen en Tenochtitlan los pendones náhuas el mismo año que caen en Villalar las banderas de las Comunidades. Hay aquí una hermandad digna de ser investigada y que fue ocultada por los triunfalismos y dogmas de la ortodoxia política, religiosa y racial.

Y en la España de nuestra independencia, es necesario ver más allá de los errores de la decadencia borbónica a la heredad común de Cádiz y del tumultuoso siglo XIX de España y de América. En vez de integrar una poderosa comunidad de naciones hispanoparlantes, como lo propuso Aranda a Carlos III, nos divorciamos, nos dimos la espalda y sin embargo sufrimos un destino, a pesar de todo, común. Perdimos Cádiz y al perder Cádiz, perdimos la democracia. Ganamos, en cambio, las oscilaciones entre dictadura y anarquía y en medio, descubrimos nuestro propio cadáver: Aquí yace media España pero también media Hispanoamérica; la mató la otra mitad.

El lamento de Larra culminó en el desastre del 98, que no sólo dio fin al imperio español sino que dio origen al imperio norteamericano. Ambos encontraron su destino en el Caribe. Tampoco supimos distinguir con claridad esta comunidad de los destinos. Acaso sólo Rubén Darío, en su más alto grado, la reconoció.

De manera que la guerra de España y el abrazo de México fueron un reconocimiento que saldó los desconocimientos del pasado.

Quiero hablar de mi propia experiencia como joven estudiante y escritor en ciernes en el México de los años cuarenta y cincuenta, pues yo no sería quien soy, ni habría escrito nada, sin la presencia, el estímulo y muchas veces, la tutoría de la España Peregrina.

Conocí y quise a tantos de ustedes, a partir del nivel más personal: mi vida de juventud es inseparable del cariño y la amistad de los Bartra, los Oteyza, los García Ascot, lo Xirau, los Muñoz de Baena, los Blanco Aguinaga, los Aub, los Vidarte.

Quisiera destacar, sin embargo, algunas enseñanzas fundamentales que recibí y reconozco hoy con verdadero júbilo.

José Gaos, en la Facultad de Filosofía y Letras, acababa de traducir al español *El ser y el tiempo* de Martín Heidegger y nos comunicaba con lucidez incomparable una visión del movimiento humano que, al lado de la dialéctica, invitaba a la ronda, como para suavizar lo que se convertía en rigidez o posibilidad dogmática de un pensamiento marxista que Gaos respetaba como filósofo pero no adoraba como feligrés, pero también para disipar las brumas posibles del pensamiento germánico de Heidegger y darle sol, y por qué no, soledad, mediterráneas.

Sol, suelo, soledad. Recuerdo una gran lección de Gaos sobre el arte como la verdad transformada en obra, movimiento que, simultáneamente, levanta a un mundo y descubre una tierra. Mas la tierra, que es raíz, también es oscuridad, profundidad, misterio que jamás se revela totalmente. Sólo conocemos a la tierra gracias al mundo; el mundo se radica en la tierra pero, como el árbol, se dispara al cielo, se abre a la historia y se ramifica en posibilidad, pluralismo, alternativa...

Las lecciones de Gaos me enseñaron que la creatividad consiste en convocar un universo, más que reflejarlo ancilarmente. Basada en la realidad —la tierra, la raíz— la obra de arte crea un mundo que antes no existía: nace de la historia pero crea la historia, empezando por la historia de la propia obra de arte.

Eduardo Nicol, en la misma facultad de Mascarones, daba una soberbia clase sobre la filosofía de Nikolai Hartman y su teoría de los valores. Me impactó la distinción que hacía Nicol entre vida personal, vida colectiva y objetivación histórica pues en ella, de manera deslumbrante, descubrí que sólo somos seres completos si atendemos al mundo objetivo que nos rodea, respetándolo sin fetichizarlo. Pero al mismo tiempo, debemos valorar el mundo subjetivo que nos habita, enriqueciendo nuestra individualidad pero sin caer en el pecado solipsista de confundir la percepción con la realidad. Sobre todo, sin embargo, debemos encontrar el punto de equilibrio entre la objetividad y la subjetividad en lo que Nicol, enseñando a Hartman, llamaba la vida colectiva y que, para mí, se convirtió en lugar de encuentro de mi yo, mi mundo material y mi mundo cultural. Supe desde entonces que no sería jamás un hombre o un ser completo si no exploraba el cruce de caminos de mi persona y mi sociedad sostenidas en el mundo material, pero dándose la mano en la cultura.

Luis Cernuda y Emilio Prados, los dos maravillosos poetas que vinieron a México con la gran marea de la guerra, nos dieron a mí y a mi generación otra lección prodigiosa: la de la unión de lenguaje, cuerpo e idea.

El modesto y tierno Prados, en su pequeño apartamento en la calle de Lerma, con melena gris y mirada nublada, eremita mágico de la Colonia Cuauhtémoc, nos enseñó a pensar y ampliar nuestro cuerpo, preguntándose por los límites de la carne, y conjugándola con la voz ("mi cuerpo es el silencio"), con el tiempo ("cayó en el mar la hora"), con la soledad ("que voy siguiendo / a través de mi esperanza / no de mi conocimiento"), con la memoria ("y estudia sus lecciones de sueño la memoria") y con la muerte ("mi cuerpo, sin imagen").

En cambio, Cernuda, atildado y arrogante, escondía, detrás de su fachada distante, la pasión más ardiente y luminosa de nuestra poesía: metamorfosis perpetua de la forma, poética y carnal. Otra vez, como en Prados, descubrimos en Cernuda la gloria y la sacralización de nuestros cuerpos, pero lado a lado con otras asechanzas mudas: era como si la vasta represión corporal de los siglos contrarreformistas fuese abolida de un plumazo, la libertad del cuerpo restituida verbalmente, con los fantasmas del lenguaje del Arcipreste, Fernando de Rojas, Francisco Delicado y María de Zayas, vueltos a nacer, encarnados.

Nuestros cuerpos juveniles, azorados, se hallaron en la poesía de Cernuda "sobre un lecho de arena y azar abolido", semejantes al agua, que aunque "idéntica a sí misma, es fugitiva". En la poesía de Cernuda el cuerpo cumple sus ceremonias en "entreabierto lecho torpe y frío", aunque añorando siempre "una lejana forma dormida". Pues aunque seamos "Abajo estatuas anónimas / sombras de sombras, miseria, preceptos de niebla", la "amorosa empresa ingrata" logra, a pesar de todo, revelar un mundo eternamente presentido e identificándonos, a cada uno de nosotros, con "las razas cuando cumplen años".

Muchos grandes profesores españoles nos formaron a mí y a mi generación en la Facultad de Derecho de la UNAM: Luis Recaséns Siches, Niceto Alcalá Zamora, Rafael de Pina, Mariano Ruiz Funes. Pero yo, en lo personal, a nadie le debo tanto como a Manuel Pedroso, antiguo rector de la Universidad de Sevilla, que en sus clases de Teoría del Estado y Derecho Internacional Público, nos dio a mí, a Miguel Alemán Velasco, a Sergio Pitol, a Mario Moya Palencia, a Víctor Flores Olea, a Enrique González Pedrero, la más profunda, rica e inolvidable lección sobre el ser humano como animal político, portador de civilizaciones, creador de espacios públicos, agente de justicia y coexistencia.

La clase de don Manuel era como un ágora superior, una asamblea del espíritu en la que la política dejaba de ser el arte de lo posible para convertirse en la posibilidad del arte puesto que estableció a la ciudad y sus instituciones como espacios para la creación, lugares dónde convocar eso que nos enseñaron Nicol y Gaos: el encuentro del mundo material, mi yo subjetivo y mi comunidad con los demás. Arte de la ciudad: tal era la filosofía política de Pedroso, arte de convivir públicamente, en el respeto, la tolerancia y la claridad mental. Contra el atiborramiento que entonces privaba en la enseñanza de la teoría política —de Platón a Pareto en veinte fáciles lecciones— Pedroso escogió sólo tres libros para leerlos a fondo: *La política*, *El príncipe* y el *Contrato social*. Alrededor de estos tres astros, todo lo demás de Marco Aurelio a Marx, giraba, atraído por los campos magnéticos de Aristóteles, Maquiavelo y Rousseau. En estos días agitados de la vida pública mexicana, recuerdo la insistencia con que don Manuel nos recordaba la famosa frase de Juan Jacobo: "Tout revienne a la politique". A la postre, todo conduce a la política. No nos imaginábamos a Rousseau diciendo: A la postre, todo conduce a la tecnocracia.

Conocí al quinto maestro español que hoy deseo evocar —Luis Buñuel— más tarde, cuando había concluido mis estudios universitarios. De cierta manera, sin embargo, el genial aragonés, sordo como Goya, pero como él dotado de la mirada de Argos, resumió todas mis enseñanzas españolas. Pues el surrealismo de Buñuel poseía la superioridad sobre el surrealismo parisino de tener raíces en toda una tradición, de ser un resumen crítico de la creación de una cultura: la de España.

La mirada incendiaria de Buñuel sobre el mundo era la de Goya: la mirada del sueño de la razón engendrando monstruos; y si sus oídos estaban sordos, a Buñuel lo habían privado los tambores de Calanda para aguzarle una oreja interna donde resonaba la voz de Quevedo: polvo seré, más polvo enamorado. Su pesimismo poético era el de Fernando de Rojas: el mundo se agita sin cesar, pero todo su movimiento conduce a la muerte. Su optimismo moral, sin embargo, era el de Cervantes: salimos de nuestra aldea, salimos al mundo, el mundo nos humilla y apalea, pero nosotros le decimos al mundo, te equivocas, los molinos son gigantes y Clavileño sabe volar. Mi ficción es la verdad.

Buñuel, uno de los más grandes artistas del siglo XX, se alimenta de la gran cultura de España para darle su presencia más radical, más contemporánea, que consiste en abrazar al otro, reconocer al ser marginado, darle memoria a los olvidados, admitir la oscuridad del deseo, pero ofreciéndole a cada hombre, a cada mujer, a cada niño, la oportunidad de salvarse con los demás, en el reconocimiento de lo prohibido, lo olvidado, lo desdeñado, lo perseguido... *Tristana*, *Nazarín*, *Viridiana*.

No creo que ninguna de estas grandes lecciones de la España Peregrina sea ajena a la vida actual de México, de España o del mundo.

Como en la ronda de José Gaos, el mundo no

termina, la historia no se acaba, sino que mundo e historia se transforman, circulan, regresan, ascienden en espirales y son portados siempre por los actores de la historia: los seres humanos que la crean y la transmiten: todos nosotros

Como en la axiología de Eduardo Nicol, el encuentro de materia, individuo y cultura, depende de nuestra libertad para procurar esa reunión, sin abandonarla a la fatalidad. Y como en el Estado de Manuel Pedroso, la fatalidad sólo se supera mediante la voluntad jurídica, la acción política, la procuración de justicia. La República Española, al cabo, cayó porque defendía todo esto, el derecho, la justicia, la política de todos. Su derrota fue, sin embargo, su victoria: la anunciación de la República niña, como la llamó María Zambrano, se actualizó, al cabo, por los caminos de la dialéctica, de la convocatoria de valores culturales y de la perseverancia histórica en la España actual, democrática y pluralista, donde los latinoamericanos no reconocemos a la madrastra de ayer, sino a la hermana de hoy: nuestra hermana europea, España, una España que no nació de la nada, sino de esa historia que se dice Cortes de Aragón, Comunidades de Castilla, Constituyente de Cádiz y República de Azaña. Nada nace de la nada: España nace de su historia buena, vencida a veces, perseverante, resistente, vertebrada por el sufrimiento, la sangre, la esperanza, el recuerdo, como Don Quijote, como los amantes de Quevedo, como los *soñadores* de Goya.

Y el arte de Buñuel, finalmente, nos abre el mundo contemporáneo y su desafío supremo: No estamos solos. Los olvidados han llegado a nuestras puertas. Las civilizaciones se juntan y se mezclan. El mestizaje que es raíz de una España celtíbera, griega, romana, goda, judía y árabe, se despliega ante un mundo que se resiste a aceptar al otro. Las crueles máculas de la xenofobia, el racismo, la pureza étnica y el fundamentalismo religioso, regresan hoy a turbar nuestras miradas y ensuciar nuestras manos.

La experiencia de España y de la América Española debe ser un baluarte en contra de esta resurreción de los fascismos en todo el mundo. Sabemos de lo que hablamos: hemos sufrido tiranías, represiones, muerte; las hemos trascendido reafirmando nuestra tradición y nuestra esperanza mediante obras de arte incomparables, propuestas jurídicas y vocación internacional, así como pasión justiciera, en América y en España.

Los desafíos que dieron nacimiento al benemérito Ateneo Español de México vuelven a surgir: persecución, intolerancia, guerra contra los inermes. Hoy como ayer debemos contestarles con lo mejor de nuestra cultura, con esa parte de nosotros que jamás se rinde, que escribe lo no escrito, que dice lo no dicho, que ama lo que clama por ser amado, que sueña lo que necesita ser soñado y que, como en el siglo XVII y en la voz de Quevedo, repite hoy con ese coraje, con ese pundonor, con esa fe que compartimos españoles y mexicanos: "No he de callar", pues "la lengua de Dios nunca fue muda".

En seis años más entraremos a un nuevo siglo y a un nuevo milenio. Lleguemos a ellos con el orgullo de una misión cumplida pero inacabada, acompañados del recuerdo de cuanto hemos hecho y con la esperanza de cuanto nos falta por hacer: dar vida, memoria y deseo a la prodigiosa civilización común que hemos creado españoles y mexicanos.

2. Mi casa veracruzana

Oración filial en Jalapa

> El niño es el padre del hombre
> William Wordsworth

Hasta los veinticuatro años de edad, mi padre, Rafael Fuentes, vivió en Jalapa, en la calle de Lerdo 7.

Cuando se fue a la capital en 1925 para presentarse al concurso de ingreso al Servicio Exterior Mexicano, dejó escrito en su cuaderno con ancha caligrafía y una tinta verde que hoy me llena de nostalgia: Adiós, mi Jalapa querida.

Dejaba atrás una ciudad entrañablemente suya.

Era la Jalapa de las fiestas anuales en el Casino y de los fines de semana en la florida hacienda de la Orduña, donde prodigaban hospitalidad don Alfonso y doña Trinita Pasquel.

Era la Jalapa de las veladas musicales en el Parque Lerdo con la banda de música del maestro Nicolás Pérez.

Era la Jalapa de la librería La Moderna de don Raúl Basáñez, donde llegaban los periódicos ilustrados de Londres y Madrid.

Era la Jalapa en que se iba con las novias al cine Victoria a ver las últimas películas de las sensacionales vampiresas italianas Pina Menichelli, Francesca Bertini y Giovanna Terribili González.

Era la Jalapa de las señoritas que compraban sus partituras de Beethoven y Debussy en el repertorio de la Casa Wagner y Lieven, frente al Parque Juárez.

Era la Jalapa en que en tardes de calor se bebían deliciosas espumosas en la Jalapeña de don Antonio C. Báez, quien aseguraba a sus clientes: "Esta fábrica no endulza sus aguas con zacarina" (escrita con zeta).

Era la Jalapa en que las señoras se bañaban con el

supremo jabón rosado El Fénix vendido en las tiendas de Salmones y Sucesores, y se vestían con el apoyo de los corsets La Ópera, al precio de ocho pesos cada uno, proporcionados por la casa de Ollivier Hermanos, en tanto que los caballeros acudían a la sastrería de don León Moro, en la 1a. de Zamora.

Era la Jalapa que atestiguó la boda más sonada de aquella época, entre la señorita Ana Güido y el licenciado Javier Icaza, quien trajo hasta aquí el primer automóvil Issota-Fraschini jamás visto en el estado de Veracruz y lo estacionó al pie de las escaleras de Catedral.

Añorada ciudad de lluvia fina sobre tejados rojos. Finísima lluvia y patios reventando de flores. Balcones enrejados y zaguanes verdes. La Jalapa que se fue para siempre.

Los jóvenes escritores de entonces juraban por Enrique González Martínez, Luis G. Urbina, Amado Nervo y, desde luego, los autores veracruzanos, Rafael Delgado, el bardo de Pluviosilla, y Salvador Díaz Mirón, quien fue profesor en el Colegio Preparatorio e infundía respeto, y hasta terror, a sus alumnos, con su aspecto de león letrado, herido por las saetas de sus propias esdrújulas:

"¡Mirífico el paisaje! Cromáticos vapores
ruedan en copos fúsiles, que un hálito desliga!"

A ese mismo Colegio Preparatorio asistió mi padre, después de iniciar sus estudios con las míticas señoritas Ramos, de tan largo y fecundo historial que llegaron a ser maestras del joven Miguel Alemán Velasco, mi propio amigo y compañero de generación.

Eran épocas tumultuosas para México y mi abuela, Emilia Boettiger, me contaba cómo al escucharse por las calles de Lucio y de Enríquez los disparos de las caballerías de la Revolución, ella escondía en un rincón a sus tres hijos, Carlos, Emilia y Rafael, y les echaba todos los colchones de la casa encima.

Mi padre perteneció al grupo de cadetes militarizados por el Colegio Preparatorio de Jalapa para acudir a la defensa de Veracruz durante la invasión norteamericana del año 14.

Hay una foto de estos jóvenes jalapeños, mi padre entre ellos, uniformados con casacas oscuras abotonadas hasta el cuello y kepís franceses, con los fusiles listos para defender a Veracruz contra el invasor.

Eran niños de catorce años. El puerto cayó antes de que ellos pudiesen presentarse. Pero toda Jalapa lloró —me cuentan— el valiente sacrificio de los cadetes de la Naval, José Azueta y Virgilio Uribe.

Dejar Jalapa era dejar todos estos recuerdos, estas alegrías, era dejar a la familia y a los amigos.

Los dos amigos más cercanos de mi padre fueron Octavio Muñoz, tío de mi amigo y también compañero de generación Mario Moya Palencia, y Manuel Fernández Landero, padre de una bella descendencia femenina. Los tres vivieron una relación fraternal hasta que la muerte terminó por separarlos.

Familia lejana eran los Vélez de Veracruz, los Boettiger de Catemaco y la tía famosa, María Boettiger de Álvarez, la poetisa de los Tuxtlas.

Y la familia cercana, mis abuelos Rafael Fuentes, gerente del Banco Nacional de México primero en Veracruz y luego en Jalapa, y Emilia Boettiger, hija de un emigrado alemán de Darmstadt, socialista lassaliano que se trasladó a Catemaco apenas restaurada la República por Juárez en 1867.

Mi tía Emilia, que coleccionaba muñecas chinas de porcelana y tocaba valses de Chopin antes de modernizarse con corte de pelo a la Bob y una gran afición por el tenis.

Y sobre todo mi tío Carlos, el talentosísimo joven, quien fundó la revista *Musa Bohemia*, junto con sus amigos Francisco R. Vargas, Guillermo Esteva y Óscar

Serrano. Anunciada en cierto momento como "el único periódico de Jalapa", en ella colaboraban los maestros Díaz Mirón, Urbina y González Martínez, pero también los muy jóvenes, entre ellos Efrén Rebolledo, Tirso W. Cházaro, Carlos Bracho y mi tío Fernando de Fuentes, más tarde famoso director de cine, pero entonces aún *junior*. Como lo escribió en uno de sus poemas, "mis años son mi escudo en el humano viaje".

Frágiles escudos de la juventud, sujeta siempre a los embates de la pasión, el desencanto, la muerte... y la política.

En su número del 15 de septiembre de 1914, la revista proclamaba "¡La Revolución ha Triunfado! La Paz no tarda en ser un hecho". Pero el 6 de enero de 1915, muere la *Musa Bohemia*, porque "careciendo absolutamente de papel, por estar interrumpidas las comunicaciones con la capital de la República... nos vemos forzosamente obligados a suspender la publicación de nuestra revista, por todo el tiempo que dure la incomunicación con México, que será breve según fuimos informados por un oficial del Ejército Constitucionalista".

Fue, quizás, un presagio funesto. Mi talentoso tío, Carlos Fuentes, autor de poemas, ensayos y editoriales políticos, se fue a México a estudiar a los veintiún años y a los diez días murió del terrible, entonces incontrolable, tifo.De manera que la partida de mi padre para ingresar al Servicio Diplomático fue motivo de angustiada prevención de parte de mis abuelos: el dolor es un río sagrado que fluye sin ser visto.

Pero mi padre, a su vez, llevó siempre en su corazón la herida del hermano muerto. A mí me puso su nombre y si desde niño me rodeó de libros; fue, sin duda, como un homenaje a una esperanza para ese otro Carlos Fuentes, el segundo de ese nombre, como yo soy el tercero y mi joven hijo, cineasta, pintor y poeta, el cuarto.

Venimos, pues, de Jalapa y a ella regresamos hoy para recordar a un hombre de inmensa ternura, rectitud y patriotismo, que dedicó su vida al servicio de nuestro país en el extranjero. Sin duda, el recuerdo de su anhelante espera para salir a la defensa del puerto en 1914, lo marcó para siempre, pues a lo largo de su carrera diplomática, cuarenta y cinco años, entre 1925 y 1970, mi padre no dejó pasar un solo día sin defender y promover, de un modo o de otro, los intereses nacionales de México.

Su formación se la debió por entero a Jalapa. Mi padre fue fundador, como alumno y jovencísimo catedrático, de la Escuela de Derecho del estado, de la cual se graduó para concursar para su ingreso, en 1925, al Servicio Exterior Mexicano.

Su primer puesto fue como abogado de la Comisión de Reclamaciones entre México y Estados Unidos en nuestra frontera herida. Tengo una foto de mi padre con un pie en Nogales, Sonora, y otro en Nogales, Arizona, simbolizando una fatalidad geográfica que a nosotros nos corresponde transformar en voluntad de equidad, justicia y trato digno. Hoy que nuestra frontera norte vuelve a sangrar por las heridas de la xenofobia antimexicana y el rechazo de nuestros trabajadores, tan necesarios para la economía del suroeste norteamericano, pero tan fácilmente explotables como chivos expiatorios para males generados en los propios E.U., es bueno recordar una lección de la diplomacia mexicana: siempre tendremos conflictos con los E.U.. Nunca debemos permitir que un conflicto ponga en entredicho la totalidad de nuestra relación. Pero ese punto de conflicto debemos resolverlo con entereza y sin titubeos.

México ha sido semillero de ideas jurídicas y de imaginación diplomática. Mi padre contribuyó a esta tarea en los momentos difíciles de la Revolución mexicana, durante las presidencias de Plutarco Elías Calles y Lázaro Cárdenas, en Washington al lado de

Francisco Castillo Nájera en el momento de la expropiación del petróleo, en las conferencias interamericanas de Buenos Aires, Lima y Chapultepec, y como alto funcionario de la Cancillería mexicana durante las presidencias de Manuel Ávila Camacho, Miguel Alemán y Adolfo Ruiz Cortines.

"Un hombre sin espuma": así lo llamaba Alfonso Reyes, con quien mi padre colaboró estrechamente en la embajada de México en Río de Janeiro.

Un hombre esencial, sustantivo, infinitamente respetuoso de los demás, empezando por su mujer y sus hijos; dueño de la gracia espontánea que esta tierra veracruzana le da a sus hijos; animado por un deseo de saber, comprender el punto de vista distinto del suyo y adaptarse a culturas diferentes, convencido de que México no es una meseta aislada y sombría, sino una costa abierta, expuesta pero dadivosa, como Veracruz; un mar de trasiegos y comunicaciones.

Mi padre nos heredó a sus hijos y a sus nietos una noción de México como tierra de inclusiones generosas, nunca de exclusiones mezquinas, un país producto de muchas aportaciones, indígenas, africanas y europeas...

Todo esto nos enseñó, todo esto le agradecemos: vigilancia, atención, cariño, en la vida personal; pero también, en la vida pública, el apego a los valores de la patria, a su vigorosa cultura, a su riquísima historia.

Joven, delgado, nervioso en sus primeros puestos diplomáticos en Río, Panamá y Washington; reposado, elegante, sabio, en sus embajadas finales en Holanda, Portugal e Italia, en él veo, siempre, sin embargo, al niño de catorce años que empuñó un fusil y se dispuso a salir de Jalapa a combatir por Veracruz.

Quizás eso hizo, de mil maneras, durante los nueve lustros de su carrera diplomática: defender la puerta de México, una y otra vez.

Su credo es el nuestro, el que México ha sostenido a lo largo de su historia porque en él se refleja nuestra historia.

Tres principios lo sostienen, resonando como el mar veracruzano en las orejas de caracol de la memoria nacional:

Autodeterminación, no intervención, resolución pacífica de controversias.

Estos valores permanentes de la diplomacia mexicana fueron el santo y seña de mi padre, sus mandamientos profesionales.

Rafael Fuentes formó parte de una generación brillantísima de diplomáticos mexicanos, entre ellos Manuel Tello, Francisco A. de Icaza, Jaime Torres Bodet, Pablo Campos Ortiz, José Gorostiza, Roberto Córdova, Luis Padilla Nervo, Luis Quintanilla.

Para esa generación, la diplomacia se identificaba de una manera directa con la defensa del país y de la revolución.

México había luchado durante diez años, perdiendo un millón de vidas y riqueza incalculable, para llevar a cabo cambios inaplazables: la reforma agraria, la devolución de las tierras a los pueblos y la recuperación de sus riquezas naturales por la nación, consagradas en el Artículo 27 de la Constitución; la protección al trabajo, consagrado en el Artículo 123, pues la revolución nació no sólo en el campo sino en las fábricas y en las minas, en Río Blanco y en Cananea; y las políticas de educación, salud e infraestructuras básicas a fin de que la economía nacional, equilibrada entre los factores públicos y privados, creciese sin menoscabo de los ciudadanos más débiles, y dándole a los más fuertes el recurso humano de su propia prosperidad; más mexicanos educados, sanos, con poder adquisitivo. Es una lección que debemos aprender una y otra vez.

Este programa generoso, sin embargo, fue atacado y entorpecido, una y otra vez también, por los reaccionarios internos, armados ayer como hoy con guardias blancas, profesando ayer como hoy que la población indígena y campesina es una rémora para el progreso, haciendo gala ayer como hoy de un racismo abierto que pide el exterminio de otras etnias, deformando el valor de la modernidad hasta convertirla en caricatura de exclusiones...

México también fue atacado desde fuera por los intereses afectados por la reforma agraria primero y por la recuperación del petróleo más tarde. México fue sentado en el banquillo de los acusados ante el jurado de la opinión mundial por el secretario de Estado norteamericano Kellog. Nuestro crimen: darle tierra al desposeído, escuela al niño, hospital al enfermo.

Todo esto defendía la primera generación de diplomáticos de la revolución a la que perteneció mi padre, sucedida por la segunda generación y sus más brillantes estrellas: Alfonso García Robles y Jorge Castañeda (padre).

La tercera generación es la mía, y la evoco hoy que con tantos honores me colman Jalapa y Veracruz, para entender claramente que un hombre pertenece siempre a los hombres y mujeres con los que se ha formado y con los que ha actuado en la vida.

Muchos entre mis compañeros de la Facultad de Derecho de la UNAM y de la generación del medio siglo se encuentran hoy aquí. Junto con ellos, recuerdo que a nosotros nos tocó vivir una época tan difícil como la que conformaron nuestros padres, pero mucho más estéril: las décadas de la guerra fría y su división hermética en esferas irreconciliables, su comodidad maniquea para situar a los buenos y a los malos, y su sacrificio de la diversidad política, social y sobre todo cultural, de los pueblos, en aras de dos ideologías heladas y excluyentes de todo lo que no fuesen ellas, incluyendo lo que éramos, y somos, nosotros.

Notablemente, muchos compañeros de mi generación: Miguel Alemán Velasco, Mario Moya Palencia, Sergio Pitol, Porfirio Muñoz Ledo, Javier Wimer, Víctor Flores Olea, Yvonne Loyola, Enrique González Pedrero, José Juan de Olloqui, prestaron eminentes servicios a la política exterior de México.

Nos correspondió continuar la defensa de los principios, oponer el derecho de los débiles a la agresión de los fuertes; mantener la independencia de nuestras fuerzas armadas frente a las presiones para concluir fatales alianzas militares; respetar el derecho de cada país a darse las formas de gobierno determinadas por su propia historia; negarle amistad a las dictaduras surgidas de la intervención extranjera; reconocer a las revoluciones ajenas como fuente de derecho igual que la nuestra, rechazar las presiones para manejar nuestras relaciones bilaterales con criterios que no eran los nuestros; y, sobre todo, aportar imaginación diplomática, y marcos de referencia jurídicos, para encontrar soluciones políticas a los conflictos de nuestra área de interés inmediata: Centroamérica y el Caribe.

No defendimos nunca, en sentido estricto, a Cuba o a Chile, a Nicaragua, Guatemala o El Salvador: defendimos, al defender el derecho, a México.

Para estas dos generaciones, la mía y la de mi padre, las palabras soberanía, independencia, diálogo, negociación, no eran polvo, ni siquiera polvo enamorado. Tenían sentido.

Lo tienen hoy, cuando México y la América Latina deben apresurarse a llenar el vacío diplomático y jurídico dejado por el fin de la guerra fría y proponer instituciones, leyes y prácticas que le den sentido renovado al orden internacional.

Lo hemos hecho a lo largo de nuestra vida independiente.

Debemos hacerlo ahora, antes de que otros nos impongan su propio orden.

La nueva generación de diplomáticos mexicanos, muchos de ustedes, jóvenes estudiantes de la Universidad Veracruzana, tiene hoy, como la tuvimos nosotros y nuestros padres, una misión internacional: la defensa de México mediante la defensa del derecho, la diplomacia, la negociación y el diálogo.

No somos una isla aparte. Nos integramos al mundo. Y una vez más, el mundo, aspirando a un orden colectivo de seguridad, se fractura en guerras civiles, pugnas mercantiles, esquemas de racismo, xenofobia, genocidio y fascismos resurrectos. Perdidas las cómodas seguridades ideológicas de la guerra fría, muchos pueblos se refugian en la seguridad renovada del fundamentalismo religioso, la identidad étnica, o el resentimiento chovinista.

Pero también, es justo reconocerlo, recobran amparos perdidos en la cultura y la memoria propias, en la historia y en el arte, en la literatura y en la verdadera cultura religiosa, no dogmática, sino, como advierte Milan Kundera en su propia Europa Central, en una memoria cristiana a la cual pertenecemos todos, hasta los ateos, porque sin ella seríamos sombras sin sustancia, razonadores sin vocabulario...

Todo esto ocurre, por otra parte, en un mundo de integración económica, comunicación instantánea y rápida expansión de las tecnologías. ¿Cómo hermanar los valores locales de la identidad con los valores universales de la comunicación?

Los jóvenes de hoy, en Jalapa, en México, en toda la América Latina, deberán dar respuesta a esta interrogante.

Sin duda, una de ellas adquiere pleno sentido en la vida de la cultura. Pues la cultura, advirtió un día José Ortega y Gasset, no es sino las respuestas que damos a los desafíos de la vida.

No, no somos una isla aparte. Nos integramos al mundo. Pero hoy, más que nunca, debemos recordar que la verdadera interdependencia sólo se da entre naciones independientes y que la independencia requiere, para nutrirse, memoria, continuidad, cultura y sí, por qué no, símbolos.

A la arrogancia de la fuerza externa, siempre deberemos los mexicanos responder con la fuerza de la ley; pero para defendernos exteriormente, debemos primero ser celosos defensores de la ley en nuestro propio suelo.

Esta defensa, interna y externa, pasa hoy por los caminos de una democracia efectiva; de elecciones limpias porque las gobernarán autoridades electorales imparciales; de políticas sociales justas que no dejen los éxitos económicos en el pizarrón, sino que los lleven al único destinatario de la vida económica: el ser humano concreto, su familia, su entorno.

La defensa exterior de México desde adentro de México pasa hoy por el federalismo y la separación de poderes, por la procuración de justicia y por el respeto a la diversidad regional, étnica y cultural de nuestra patria. La descentralización no nos debilita, nos fortalece potenciando las inmensas reservas del talento local en cada pueblo, cada ciudad, cada estado de México.

Tenemos mucho que cumplir, en México y en el mundo.

Podemos actuar a partir de aspiraciones que siguen siendo las de mi padre y su generación, porque el mundo sigue necesitando paz, justicia, imaginación diplomática y voluntad negociadora, hoy que se derrumban las fortalezas del viejo mundo bipolar y cada uno de nosotros aparece ante el nuevo mundo de centros múltiples con los pies descalzos pero con las espaldas cubiertas por los mantos de la historia —mitad harapo, mitad armiño— y con las cabezas, eso sí, coronadas por las joyas de una cultura hecha por descendientes de indígenas, europeos y africanos en estas tierras del nuevo mundo.

El camino tiene abrojos, y nos herirán.

Pero también, gracias a la luz de nuestra civilización, podemos verlo sin perder el rumbo.

La civilización mexicana nació aquí mismo, en Veracruz, en las tierras del olmeca, en la pirámide de Tajín y en la fundación de la Antigua.

De Veracruz venimos.

A Veracruz regresamos.

Mi hermana Berta y yo, mi esposa Sylvia, nuestros hijos Cecilia, Carlos Rafael, Sélika y Natasha, pero sobre todo mi madre Berta Macías, les agradecemos a todos ustedes, a nuestros amigos, a Jalapa, habernos regalado la emoción y el honor de este día.

Se los agradece también mi padre, Rafael Fuentes, un veracruzano tierno, recto y patriota.

Por algo era jalapeño.

*Xalapa, Ver., 23 de marzo de 1994.**

*Discurso pronunciado en el Ayuntamiento de Xalapa como homenaje póstumo al embajador Rafael Fuentes y en el que se declaró Hijo Predilecto de Xalapa y ciudadano veracruzano por nacimiento a Carlos Fuentes.

TIEMPOS MEXICANOS

Presto

En México hay mucha gente. Somos noventa millones. En el año 2000 seremos cien millones. En 1910, al estallar la Revolución mexicana, éramos quince millones. Diez años más tarde, la sangría fratricida había dejado sólo cuatro milpas y trece millones. Ya en 1940, como nos lo recordaba un anuncio publicitario, éramos veinte millones, y "veinte millones de mexicanos no pueden estar equivocados".

Cuando yo nací, en 1928, la ciudad de México tenía un millón de habitantes. Sesenta años más tarde, había llegado a los dieciocho millones. Hasta la década de los sesenta, la política de población era: mientras más mexicanos mejor. ¿No habíamos perdido las provincias del norte de México, de Texas a California, a causa de la ausencia de población? Pero también las habíamos perdido porque admitimos colonos con nombres de aeropuerto: Dallas, Houston, Austin. Más mexicanos, pero cero inmigrantes. Dejados a nuestros métodos, y amparados por las tradiciones del machismo y el gineceo, nos reprodujimos como conejos. Desde los púlpitos, los párrocos prohibían (y siguen prohibiendo) los métodos anticonceptivos. Sólo a partir de la década de los setentas, una política de persuasión demográfica ha logrado frenar, muy relativamente, una procreación que, a menudo, permite imaginar un imperialismo mexicano de orden cromosomático, extendiéndose por todo el territorio del suroeste norteamericano y aun más al norte: Nueva York, Chicago, Oregon y el Pacífico (donde abundan las colonias de trabajadores, documentados o no, de origen michoacano).

¿Imperialismo cultural, norteamericano hacia el sur, mexicano hacia el norte? Más razones de preocupación tendrían los norteamericanos que nosotros. Ellos proponen una cultura popular, icónica, de atracción universal. Esto siempre ha existido. Francia la proporcionó en el siglo pasado y Roma durante la antigüedad. Pero Roma no sofocó a Grecia, ni un prolongado dominio imperial latino cambió a la cultura helenística de ciudades como Trípoli y Alejandría. ¿Será necesario repetir, en este fin de siglo, que las culturas aisladas perecen, y que sólo las culturas en comunicación se enriquecen y sobreviven? Que se lo crean Jean Marie Le Pen y David Duke. Vi una pancarta en las calles de París, portada por un argelino: "Estamos aquí porque ustedes estuvieron allá". Leí otra portada por un chicano en Los Ángeles: "Nosotros estuvimos aquí primero". Y la más ominosa la leí en la frontera entre Texas y México, portada, esta vez, por una sólida matrona angloamericana: "General Schwarzkopf, te necesitamos aquí".

¿Tratado de Libre Comercio —o Cortina de Tortilla?— ¿Cae el Muro de Berlín, pero se erigen zanjas y alambradas en la frontera México-norteamericana? Y, ¿qué hay del otro lado, el lado sur, de esa frontera tan temida? ¿No una frontera, piensa uno o a veces, sino una cicatriz? ¿Se cerrará para siempre, volverá a sangrar? ¿Cicatriz o herida?

Conceptos como democracia, soberanía, nacionalismo, identidad, por fuerza se definen en México en relación con la vecindad de los Estados Unidos. Es una situación única: la frontera de encuentro entre el mundo desarrollado y el mundo en desarrollo, entre los Estados Unidos y toda la América Latina, que empieza en México. Y entre dos culturas susceptibles de permeabiliad, de trueques provechosos, de integraciones inevitables, pero a condición de que las norme una relación de respeto mutuo y un esfuerzo compartido, norteamericano hacia México y mexicano hacia los Estados Unidos, de mutuo consentimiento.

Allegro, ma non tropo

La noche que siguió al temblor de 1985 en la ciudad de México, un comentarista de televisión norteamericana me llamó para pedirme que participara en su *talk show*. "Es indispensable —me dijo— que el público norteamericano entienda que, además de la deuda exterior, la corrupción interna y la pobreza de su población, ahora le cae a México el desastre del terremoto. México no puede sobrevivir". Le contesté que si los Estados Unidos hubiesen sufrido lo que México ha debido soportar —revoluciones, invasiones extranjeras, mutilaciones territoriales— quizás hoy no existirían. México, en cambio, posee el genio de la supervivencia. Lo que no posee es el monopolio de la corrupción (nada en nuestra historia se compara con el escándalo de las *Savings and Loan Associations*), ni de la deuda externa (la de los E.U. es la mayor del mundo) ni de la pobreza (¿han visitado ustedes los guetos de Washington, Detroit, Atlanta o Nueva York?).

¿De dónde, en cambio, esa capacidad de sobrevivir? De lo mismo que mencioné al principio. Una población que no se puede describir o clasificar de manera general o abstracta ("el mexicano", "lo mexicano") sino a partir de una concreción a menudo contradictoria pero, las más de las veces, en fructífera tensión entre opuestos: país antiguo y nuevo, eternamente solicitado por el pasado y el futuro, por lo tradicional y lo moderno. Pero capaz, en los momentos excepcionales de nuestra historia, de darle la cara a ambos, de mirar claramente al pasado, admitir lo que somos, abrazar nuestra totalidad cultural y vernos de cuerpo entero.

Yo veo un país indio, más que en número de indígenas puros, en tono soterrado, potencia onírica, reclamo de justicia y alternativas latentes. En México, el ciclo histórico de los estados indígenas concluyó con la Conquista, pero no su ciclo cultural. "Centinelas del silencio", los llamó una espléndida película de Manuel y Plácido Arango: el repertorio de nuestras insuficiencias urbanas, occidentales, nos aguarda calladamente en el mundo indígena, reserva de todo lo que hemos olvidado y despreciado: la intensidad ritual, la sabiduría atávica, la imaginación mítica, el cuidado de la naturaleza, la capacidad de autogobierno, la relación con la muerte.

Ésta ha trascendido enormemente al mundo mestizo y criollo. La cultura mexicana no distingue entre "vida" y "muerte": todo es vida, la muerte es sólo parte de la vida; y no parte final, sino inicio perpetuo. Todos descendemos de la muerte, la muerte nos precede, sin la muerte de los antepasados, no tendríamos vida propia. Lo que el occidente llama "muerte" es visto en México como parte de la vida: continuidad, etapa, renovación, todo junto. "Todos tendremos que ir al lugar del misterio", dice un poema indígena. Si la muerte es inevitable, no puede ser mala. Pero, ¿es necesario apresurarla, vale más morirse, "no vale nada la vida", como dice una canción popular?

La tradición indígena informa e identifica al mundo mayoritario de México, el mundo del mestizaje entre Europa y América, por lo menos en dos dimensiones. México no es, estrictamente, un país católico. Es un país sagrado. Y la experiencia de lo sagrado en mi país, que nos viene desde el alba de los tiempos y constantemente pone a prueba nuestra capacidad para imaginar, es una de las más modernas, pues nuestro tiempo ha sido el de una relación ambivalente con lo sagrado. El temperamento religioso sin fe religiosa ha marcado algunas de las mayores obras culturales del siglo XX: Camus, Buñuel, Bergman, por ejemplo. Y la búsqueda de lo sagrado dentro de una civilización profana ha conducido a grandes y angustiosas exploraciones de la fe en las novelas de Graham Greene y François Mauriac, o en las filosofías de Simone Weil y Pierre Teilhard de Chardin. Radicalmente sagrado, el mundo indígena de México no escapa a una ambigüedad moderna. Posee, por un lado, una totalidad hermética: la de la estatua de la diosa madre, la Coatlicue. Pero la vida del pueblo indígena enseguida gana un margen de creatividad sagrada sobre la sacralidad del poder religioso o político. La cultura indígena de México, capturada por el tiempo, sierva del tiempo, se libera a sí misma, mediante la imaginación, la obra de arte, la costumbre vital, convirtiéndose en ama (amante) del tiempo.

La cultura sagrada de los indios de México nos dirige esta súplica: No me abandonen ni se abandonen a sí mismos: usen su imaginación, su sentimiento de continuidad y aun de supervivencia, como los usamos nosotros. Dénme y dénse a sí mismos el equilibrio entre naturaleza y progreso, entre vida y muerte, dénle a la vida en la tierra un valor sagrado, despojen de sacralidad a los falsos dioses, ya que nosotros —el mundo indígena— no pudimos hacerlo.

Mensaje del tiempo, le hemos dado respuesta con la capacidad de supervivencia que ya mencioné. Pero uno de los dolores más grandes de México es el de un gigantesco desgaste de energías en tareas de pura supervivencia. La mitad de la población de México es joven: cincuenta millones de niños y adolescentes. Una juventud bella, inteligente, enérgica, que agota sus fuerzas en lo inútil. La crisis económica ha arrojado de sus hogares y de sus escuelas a muchachos y muchachas que antes pasaban de la primaria a la secundaria y con suerte a la universidad. Ahora, han debido abandonar sus estudios a los diez u once años y salir a las calles a limpiar parabrisas, hacer juglarías, tragar fuego, unirse a bandas criminales y sobrevivir así, ayudando a sus casas y justificando todo mediante ese apego mexicano al clan, la solidaridad familiar, el vínculo de sangre y de emoción.

Tales son los extremos de lo sagrado y lo profano, la riqueza de la pobreza y la pobreza de la riqueza, entre los cuales continúan estableciéndose las tensiones vitales de México. Entre las ruinas del pasado y la basura del presente, México trata de crearse un futuro. La experiencia cultural de la revolución nos dio esa visión y su impulso: los artistas y escritores modernos de México descendemos de la Revolución pero también de nuestra capacidad, individual y colectiva, de transformar la experiencia en conocimiento. Toda una nueva sociedad civil, profesionistas y servidores públicos, empresarios y trabajadores, cooperativas agrarias y grupos femeninos, sindicatos y asociaciones vecinales, así como una amplia meritocracia estabilizadora, enérgica, ambiciosa, han significado el crecimiento moderno de México. También protagonizan la crisis actual del país.

Pues si la revolución identificó la totalidad de nuestro pasado —indígena, ibérico, y a través de España, mediterráneo, griego y romano, cristiano pero también árabe y judío y, al cabo, mayoritariamente, mestizo— no nos entregó, en cambio, la identificación de la cultura ni con la democracia ni con la justicia social.

Nos debatimos hoy entre una saludable identidad entre la nación y su cultura, y los dos hechos que la amenazan.

Gracias a la identidad, lograda por el esfuerzo posrevolucionario, de la sociedad civil y el Estado nacional, México no ofrece por el momento horizontes balcánicos, separatismos, fracturas como las que han desbaratado a la Unión Soviética, a Yugoslavia y amenazan al Reino Unido, España, Francia o Canadá.

Desgraciadamente, esa situación puede cambiar dramáticamente si en México permitimos que se acentúe la creciente diferencia entre un norte cada vez más moderno, impulsivo, descentralizado, autosuficiente e informado, y un sur miserable, esclavizado, sin horizontes, en el cual el trabajador cafetalero o el de los aserraderos gana un dólar diario y la porción de alcohol necesaria para mantenerlo contento pero embrutecido.

Andante

La fractura norte/sur es el peligro mayor que veo en el horizonte de mi país. Sólo puede superarla la justicia social y la política democrática. Ambas sólo puede procurarlas la actividad dinámica y plural de la sociedad civil. La democracia empieza allí mismo donde el trabajador es brutalmente explotado en Chiapas o ha logrado organizarse con autonomía en Sonora. Tiene razón Enrique González Pedrero cuando exige una democracia que empiece en el municipio, respetando el voto y la voluntad del ciudadano en los lugares más apartados y pequeños de México. La democracia suplirá las identificaciones de las que puedan carecer la sacralidad, la modernidad, la ruina o la basura, el nacionalismo, la economía de mercado o la intervención del Estado...

Hablamos de *población*, creciente, enérgica, confusa. Es tiempo de hablar de *ciudadanos*. Pasar de la "población" a menudo pasiva, sometida, explotada, manipulada, a la "ciudadanía" activa, liberándose, autónoma frente al Príncipe y al Gerente, es un desafío no sólo de México, sino de toda la América Latina.

En los últimos años, todos nos hemos enterado de lo que muchos poetas, artistas y seres humanos simples pero cercanos al rumor de la tierra y a los movimientos del alma, siempre han sabido. Nada muere por completo. El engaño del progreso ha sido decirnos que podemos dejar atrás lo que ya fuimos. México sabe que nunca hay un "ya fuimos", hay un estamos siendo, vamos a ser, porque seguimos siendo cuanto hemos sido.

La sorpresa de este fin de siglo consiste en revelarnos que cuanto parecía muerto —religiones, regiones, memorias, lenguas, sueños— estaba vivo, coincidiendo con todo aquello que identificará a la modernidad, desde un fax hasta una fibra óptica hasta un diseño industrial hasta un jet o un teléfono celular. ¿Cómo va a vivir esta modernidad tecnológica con la presencia cultural que reúne, por definición, al pasado y porvenir en el presente?

No sólo los mexicanos: todos los latinoamericanos debemos hacernos ahora esta pregunta.

Allegro maestoso

Sí, el periodista Raúl Cremoux me preguntó: ¿Cuándo empezó México? y me obligó a recordar algo que me dijo mi amigo el novelista argentino Martín Caparrós: "La diferencia entre Argentina y México es que Argentina tiene un principio y México tiene un origen".

Es, en cierto modo, la pregunta que he tratado de contestar a lo largo de este libro, sucesor de un *Tiempo mexicano* que publiqué en 1972: un nuevo tiempo mexicano y cuya "novedad" es tan verdadera como ilusoria. Basta pensar, por una parte, en los cambios visibles y profundos ocurridos en estos veinte años. Pensamos también, sin embargo, en las permanencias, profundas, también, pero invisibles.

La "modernidad" mexicana rechaza la magia y el misterio de un país más atractivo por lo que no sabemos, que por lo que sabemos de él. Muchos

206

mexicanos, para ser "modernos", sólo conciben un modelo occidental de desarrollo. El genio de México consiste en salvar los valores del progreso sin dejar de afirmar el derecho al misterio, el derecho al asombro y al autodescubrimiento inacabable. Pues el orden, escribí hace mucho, es la antesala del horror. México pervierte constantemente a los dos —el orden y el horror— con la tentación del caos, el sueño al filo de la barranca, el rito de un pueblo empeñado menos en narrar lo que todos saben, que en descubrir lo que todos ignoran.

En su precioso libro de ensayos, *Los dioses de México*, C. A. Burland fue el primero en percibir la forma de la mandala (un símbolo circular representando al universo) en el arte de los antiguos mexicanos: diseños basados en un esquema de cuatro rectángulos en torno a un círculo que es un vacío. Mediante estos dibujos, a veces extremadamente intrincados, intentamos acercamientos complejos y numerosos a la realidad del tiempo y de la naturaleza.

En el México antiguo, la mandala de las aguas indicaba los diversos surtidores de una vida fluyente. Tlaloc era el dios de las aguas y su reino, Tlalocan, se suspendía en las nubes, un poco por encima de la tierra. Pero a diferencia de los dioses occidentales descritos como un todo unificado, las cuatro fuentes del poder de Tlaloc eran, a la vez, contradictorias y complementarias. Del oriente, llegaba la lluvia dorada de la mañana. En el mediodía, las aguas se volvían azules en su movimiento hacia el sur. Al atardecer, el mundo se inundaba con las lluvias rojas del occidente. De noche, las cosechas caían segadas por la lluvia negra del norte.

Sin embargo, esta descripción es también una simplificación, pues debemos añadir en seguida que para el México antiguo, cada dirección del compás tenía sus propios cuatro puntos cardinales, de tal suerte que el sur tenía su propio este y oeste, sur y norte, el

207

norte su propio norte, sur, este y oeste, *and so on*. Si multiplicamos las direcciones de cada nueva dirección, nos hallaremos inmersos de verdad en la máxima concreción del infinito y ello nos obliga, con un estremecimiento, a dar un paso atrás, regresando a las orientaciones más simples de la mandala. Un centro unifica esta inmensa variedad del espacio y el tiempo mexicanos. Pero por más visible que sea el espacio, el tiempo debe seguir siendo un misterio...

No un misterio pasivo, sino una invitación a recrear el tiempo. De allí su radical modernidad. Condenado a las tinieblas de la superstición, el tiempo mexicano resucita hoy con los poderes absolutos de un olvido que súbitamente se hace anuncio. Einstein dice lo mismo que los arquitectos de Mitla: la geometría no es algo inherente a la naturaleza, sino un producto de la mente. Toda medida de tiempo y espacio es relativa, no fatalmente lógica y lineal. La posición de un objeto en el espacio se define por su relación con otro objeto. El orden temporal de los objetos no es independiente del observador del evento. Y Heisenberg añade: La presencia del observador introduce la indeterminación en el sistema; el observador no se puede separar de un punto de vista y es, por lo tanto, parte del sistema. Por todo ello, un sistema cerrado, ideal, es imposible.

El tiempo mexicano, antiguo y nuevo, está dentro de esta vieja memoria, dentro de esta modernidad radical e incluyente: las constituye y es constituido por ellas.

Vivace

Caemos en el vicio positivista para evadir el misterio de México. Nos volvemos solemnes logocentristas. Identificamos la razón con la civilización. Nos entregamos a la dialéctica, a la escatología trinitaria, a Comte pasado por Barreda. Pongámonos, pues, sabios por un momento. Tlacaelel y Hernán Cortés son los padres de México. El primero, eminencia gris del imperio indio, crea las primeras estructuras administrativas "nacionales" e inventa los sistemas de poder que rigen hasta nuestros días: centralismo autoritario, obediencia de arriba abajo, sumisión de abajo arriba, legitimación derivada del prestigio del pasado y de la promesa del porvenir, pero ambos —pasado y futuro— selectivos.

Tlacaelel, orwelliano *avant-la-lettre*, quema toda memoria nociva para los aztecas, asume la herencia cultural tolteca, promete la felicidad futura, exige el sacrificio presente. Cortés funda el mundo mestizo, es más complicado de lo que parece en los *cartoons* de Rivera, quiere salvar algo del mundo que debe destruir para tener un poder imposible, porque jamás se lo dará el absolutismo nacionalista español. Abre las puertas del sincretismo barroco, de la escolástica política, de la redención sin sacrificio humano aunque con sacrificio divino, y de la riqueza sin sacrificio divino, sino con puro sacrificio humano.

La divina pareja, Cortés y Malinche, preside nuestros fastos: gestación, nacimiento, bautizo, sexo, muerte. No los aceptamos. Nos dan coraje, vergüenza, celos, resentimiento, todo mezclado, todo mestizo. Nos convierten, en las palabras de Juan Rulfo, en "un rencor vivo".

¿Independencia, Reforma, Revolución? ¿Hidalgo, Juárez, Madero? Que no se nos vuelvan nombres vacíos, nombres de calles, de plazas, de estatuas. No debería ser así. Son las respuestas a la herida de la Conquista. Son revoluciones. Es decir, son anunciaciones (María Zambrano) y "su vigor se ha de medir por los eclipses y caídas que soporta". Igual que el cristianismo.

El cristianismo y la revolución son nuestros caldos de cultivo, pero siempre que los animen los fuegos de lo sagrado, el mito, la palabra y, gracias al puente verbal, la promesa de la democracia. Cuando la cultura mexicana une su fuego sagrado a su ideal democrático, crea el imaginario de la sociedad civil. Una democracia mexicana con sueños, con noches, con sexos. Pero el poder de Tlacaelel se perpetúa, ahora hablando en español.

Así, la fatalidad y el desafío se dan constantemente la cara. En el largo viaje hacia la muerte, los mexicanos vivimos todos los años una noche con sus días de homenaje, respeto, tristeza y humor negro. No sólo conmemoramos nuestra mortalidad compartida. Decimos enfáticamente que la muerte es el origen de la vida, que sin el sagrado evento de la muerte no existe el valor supremo de la continuidad de la vida. La celebración de la muerte como parte de la vida incluye el riesgo de vivir desafiando a la muerte, en vez de aceptarlas —vida y muerte— pasivamente.

Pero otras culturas nos aguardan entre bambalinas. El Día de Muertos ya está teñido de Halloween; una nerviosa risilla comercial vuelve agrio el humor macabro. Por su parte, la cultura mexicana también invade los Estados Unidos de mil maneras; lengua, cocina, sexo, familia, religión, literatura, imagen. ¿Acabarán las figuras hispanoaztecas de la muerte por avasallar una violencia norteamericana carente de símbolos?

La mandala del tiempo se abre en cuatro direcciones y finalmente retorna a un centro llamado simultaneidad. País de tiempos simultáneos, donde el pasado es presente y toda la historia sucede, o puede suceder, hoy mismo. Los colores de la edad de piedra se inscriben en las más antiguas rocas y los coras repiten ritos que ocurren siempre en el origen del tiempo. La pirámide coexiste con el Hard Rock Café y Quetzalcóatl (¿necesito repetirlo?) con Pepsicóatl. Del Barroco al Barrocanroll: las luces neón junto con la veladora a la virgen, los rascacielos al lado de los tugurios y los supermercados vecinos del basurero. El Mercedes jugando carreras con los burros y la antena de TV como nueva cruz de la parroquia. El

Dios del Fuego es un niño escupiendo lumbre a cambio de unos cuantos centavos en un cruce de avenidas. Pero las parejas se aman ante las murallas de los viejos conventos, los viejos combatientes de la revolución sobreviven en medio de sus recuerdos y todas las edades del hombre pueden almacenarse en la mirada de un anciano pueblerino, todas las escrituras de la historia pueden hallarse en las cicatrices de una pared de provincia, y la creación del mundo ocurre en este mismo instante en las selvas, las luces o las piedras de México.

Por todo esto, la necesidad lógica, positivista, de encontrar un principio o un fin para el tiempo mexicano me aterra. La grandeza de México es que el pasado siempre está vivo. No como una carga, no como una losa, salvo para el más crudo ánimo modernizador. La memoria salva, escoge, filtra, pero no mata. La memoria y el deseo saben que no hay presente vivo con pasado muerto, ni habrá futuro sin ambos. Recordamos hoy, aquí. Deseamos aquí, hoy. México existe en el presente, su aurora es ahora porque no olvida la riqueza de un pasado vivo, una memoria insepulta. Su horizonte también es hoy, porque no disminuye la fuerza de su vivo deseo.

Sí, somos más que los calendarios. No cabemos en ellos. Sabemos que nada tiene principio ni fin absolutos. Esta es la grandeza mexicana. Una grandeza *renacentista* permanente que no acepta la tiranía de la Razón ni la tiranía de la Magia —nuestros extremos— sino que celebra la continuidad de la vida, múltiple, portadora del pasado que nosotros creamos, inventora del porvenir que nosotros imaginamos. No nos atemos nunca a un dogma, a una esencia, a una meta excluyente. Abracemos, en cambio, la emancipación de los signos, la escala humana de las cosas, la inclusión, el sueño del otro.

Sólo así, todos los días, fundaremos un nuevo tiempo mexicano.

Nuevo tiempo mexicano, terminó de imprimirse el 30 de
octubre de 1994 en Litográfica Ingramex, S.A. de C.V.
Centeno 162, Col. Granjas Esmeralda, 09810 México, D.F.
Se tiraron 10 000 ejemplares más sobrantes
para reposición.